Helmut Fuchs
Die Kunst, (k)eine perfekte Führungskraft zu sein

Helmut Fuchs

Die Kunst, (k)eine perfekte Führungskraft zu sein

60 Denkanstöße
für zukunftstaugliche Manager

GABLER

Die Deutsche Bibliothek - CIP- Einheitsaufnahme

Fuchs, Helmut: Die Kunst (k)eine perfekte Führungskraft zu sein : 60 Denkanstöße für zukunftstaugliche Manager / Helmut Fuchs. - Wiesbaden : Gabler, 1999
   ISBN-13: 978-3-322-82767-8   e-ISBN-13: 978-3-322-82766-1
   DOI: 10.1007/978-3-322-82766-1

Alle Rechte vorbehalten
© Betriebswirtschaftlicher Verlag Dr. Th. Gabler GmbH, Wiesbaden, 1999
Softcover reprint of the hardcover 1st edition 1999
Lektorat: Jens Schadendorf

Der Gabler Verlag ist ein Unternehmen der Bertelsmann Fachinformation GmbH.

Das Werk einschließlich aller seiner Teile ist urheberrechtlich geschützt. Jede Verwertung außerhalb der engen Grenzen des Urheberrechtsgesetzes ist ohne Zustimmung des Verlags unzulässig und strafbar. Das gilt insbesondere für Vervielfältigungen, Übersetzungen, Mikroverfilmungen und die Einspeicherung und Verarbeitung in elektronischen Systemen.

http://www.gabler-online.de

Höchste inhaltliche und technische Qualität unserer Produkte ist unser Ziel. Bei der Produktion und Verbreitung unserer Bücher wollen wir die Umwelt schonen: Dieses Buch ist auf säurefreiem und chlorfrei gebleichtem Papier gedruckt. Die Einschweißfolie besteht aus Polyäthylen und damit aus organischen Grundstoffen, die weder bei der Herstellung noch bei der Verbrennung Schadstoffe freisetzen.

Die Wiedergabe von Gebrauchsnamen, Handelsnamen, Warenbezeichnungen usw. in diesem Werk berechtigt auch ohne besondere Kennzeichnung nicht zu der Annahme, daß solche Namen im Sinne der Warenzeichen- und Markenschutz-Gesetzgebung als frei zu betrachten wären und daher von jedermann benutzt werden dürften.

Umschlaggestaltung: Schrimpf und Partner, Wiesbaden
Satz: Alinea GmbH, München

ISBN-13: 978-3-322-82767-8

Inhalt

	Einleitung	9
1	Es gibt kein richtiges Führen im Falschen	15
2	Keiner weiß, was falsch und richtig ist	16
3	Das Zeitalter der Perfektion	20
4	Fortschritt statt Gott	22
5	Der Bruttozufriedenheitsquotient	24
6	Auf in den Kampf	28
7	Hyperwettbewerb	29
8	Nullsummenspiele oder: Das Spiel des Lebens	34
9	Tit for Tat oder: „Wie du mir, so ich dir"	37
10	Die 5-Prozent-Lösung	38
11	Der Schatten der Zukunft	39
12	Die vier Erfolgseigenschaften	40
13	Was Führungskräfte von „Delphinen" lernen können	41
14	Karpfen, Haie und Delphine	43
15	Das Spiel der Delphine	45
16	Die sieben Säulen des Durchbruchs	48
17	Die Winner-Winner-Strategie	49
18	Der Beginn einer Welle	53
19	Die Art, das Problem zu sehen, ist das Problem!	58
20	Oh wie trügerisch ...	60
21	Eigensinn und Störung	69
22	Die McDonaldisierung der Gesellschaft	71
23	Die Paradoxie rationaler Systeme	72

24	Die Paradoxie als Schlüssel zur Erkenntnis	75
25	Die Paradoxie in der Weltpolitik	78
26	Ein Gigant am Boden	80
27	Die neuen Soft-Facts als Lösungsvorschlag	82
28	Das Verkennen des Erkennens	84
29	Von Grenzen und Zäunen	86
30	Ist der Zivilisationsprozeß steuerbar?	92
31	Vernetztes Denken und ganzheitliches Management	95
32	Vom linearen zum ganzheitlichen Denken	96
33	Aspekte ganzheitlichen Managements	98
34	Der Mythos der Objektivität	100
35	Sequentialität und Synchronizität	103
36	Selbstorganisierte Prozesse	105
37	Individuelle Lernstrukturen	108
38	Vertiefung	109
39	Das lernende Unternehmen	110
40	Die elf Merkmale eines lernenden Unternehmens	111
41	Erstes Merkmal: Strategiebildung als Lernprozeß	116
42	Zweites Merkmal: Partizipative Unternehmenspolitik	118
43	Drittes Merkmal: Freier Informationsfluß	120
44	Viertes Merkmal: Formatives Rechnungs- und Kontrollwesen	122
45	Fünftes Merkmal: Interner Austausch	124
46	Sechstes Merkmal: Flexible Vergütung	126
47	Siebtes Merkmal: Qualifizierende Strukturen	128
48	Achtes Merkmal: Umfeldkontakte zur „Strategischen Frühaufklärung"	130
49	Neuntes Merkmal: Firmenübergreifendes Lernen	132
50	Zehntes Merkmal: Lernklima	134

51	Elftes Merkmal: Selbstentwicklungsmöglichkeiten für alle	136
52	Die fünf Disziplinen einer lernenden Organisation	138
53	Delphine gehen den Weg des Meisters	142
54	Die Kurve der Meisterschaft	144
55	Die dilettantische Führungspersönlichkeit	146
56	Die fanatische Führungspersönlichkeit	148
57	Die phlegmatische Führungspersönlichkeit	150
58	Der Krieg gegen den Meister in uns selbst	152
59	Der Weg des endlosen Höhepunktes	154
60	Das Plateau lieben	155
Epilog		157
Dekalog der Gelassenheit		159
Literatur		161
Der Autor		169
Danksagung		171

Einleitung

„Den Menschen geht es immer besser und trotzdem werden sie immer unzufriedener." Das könnte eine Zusammenfassung unserer Beobachtungen in Kursen zum Managementtraining und Veranstaltungen betrieblicher Weiterbildung sein. Täglich haben wir es dort mit Heerscharen von Ratsuchenden zu tun, die in rastloser Suche von einem „Erfolgsmodell" zum nächsten hecheln. Getrimmt auf Höchstleistung und Perfektion wirken sie manchmal wie Hamster in einem von ihnen selbstgebastelten Tretrad: Je schneller sie laufen, desto schneller dreht sich das Rad, was sie wiederum zu einem immer höheren Tempo antreibt. Trotz aller Mühe sind sie zum Scheitern verurteilt.

Sind sie das wirklich?

„Die Kunst, (k)eine perfekte Führungskraft zu sein" soll den Blick dafür öffnen, daß es durchaus Möglichkeiten gibt, seine eigene Konditionierung in Frage zu stellen und auf diese Weise dem Tretrad zu entkommen. Statt das eigene Glück von den Vorgaben der Außenwelt darüber, was als „Erfolg" zu gelten hat, abhängig zu machen, ist es notwendig, den Blick nach innen zu richten. Auf den folgenden Seiten werden vielfältige Methoden vorgestellt, um die uns auferlegten Fixierungen zu durchbrechen – mal aufeinander aufbauend, oft aber auch völlig unabhängig voneinander zu lesen: Sie werden lernen, liebe Leserinnen und Leser, gewohnte Denkmuster, die Sie für bislang selbstverständlich hielten, in Frage zu stellen und mit der veränderten Wahrnehmung auch einen veränderten Zugang zur Realität zu gewinnen. Sie werden erfahren, wie man die unheilvolle Dynamik des Hyperwettbewerbs durchbricht und statt dessen Strategien entwickelt, bei denen man selbst ebenso zu den Gewinnern zählt wie die Geschäftspartner und sogar die Konkurrenten. Sie werden die neuesten Erkenntnisse von Systemtheorie und Konstruktivismus dazu nutzen können, vom linearen zum vernetzten Denken und damit zum ganzheitlichen Management voranzuschreiten, um so Ihr Unternehmen in die Lage zu versetzen, mit den globalen Veränderungen Schritt zu halten, indem es sich ständig selbst verbessert. Sie werden lernen, warum scheinbar rationale Systeme mehr Ärger als Nutzen produzieren, wie Sie die häufigsten und gefährlichsten Führungsfehler vermeiden können und viele andere wichtige Dinge mehr. Dabei werden sich in der Darstellung dieser Informationen anschauliche Metaphern und Parabeln, die in erzählerischer Form grundlegende Lebensweisheiten verkünden, mit konkreten Ergebnissen wissenschaftlicher Untersuchungen abwechseln. Jedesmal geht es um Fragen wie „Was ist Glück, was ist Zufriedenheit und wie kann ich diesen Zustand erreichen, so daß sowohl ich als Führungskraft als auch mein Unternehmen davon profitieren können? Wie kann ich mir selbst und den Menschen, mit denen ich zu tun habe, zu einem leichteren, angenehmeren Leben verhelfen?"

Dieses Buch ist aus einem Zustand großer Sorge entstanden: Aufgrund des extremen Perfektionsstrebens unserer Zeit kommen sich viele von uns trotz allen Einsatzes als Verlierer oder ewige Zweite vor. Sie versuchen, sich Ersatzbefriedigungen durch die Außenwelt zu verschaffen: indem sie entweder auf die Jagd nach immer mehr gehen – mehr Macht, mehr Geld, mehr Sex – oder vor der eigenen Unzufriedenheit in andere Welten fliehen, sei es über Drogen wie Alkohol und Happy Pills, sei es über die Zugehörigkeit zu Religionen und Sekten, die das Glück im Jenseits versprechen. Andererseits stellen sich immer mehr der von der Öffentlichkeit gefeierten Siegerpersönlichkeiten als bei weitem nicht so vollkommen heraus, wie sie scheinen: Die vielen Grafs, Schneiders und Reuters zeigen uns überdeutlich die Unsinnigkeit einer Ideologie des Erfolgs um jeden Preis auf, wenn einstmalige Leitfiguren von einem Moment zum anderen ins Nichts fallen. Offensichtlich existiert hier ein Teufelskreis, der nur durchbrochen werden kann, wenn man einer fremden Definition von Glück und Perfektion nicht weiter hinterhertrabt wie ein Esel der vor ihm baumelnden Karotte, die er nie erreicht. Es ist notwendig geworden, auch und gerade als Führungskraft gegen den Strom zu schwimmen.

> „Not changing your behaviour will be more painful than changing it."
>
> Anthony Robbins

In diesem Sinne ist der Titel dieses Buches zu verstehen: Die „perfekte" Führungskraft sollte sich in ihrem Tun nicht länger fremdbestimmt am Gängelband gesellschaftlicher Vorgaben führen lassen. Statt dessen ist es notwendig, daß sie ihren eigenen Weg geht, berechenbar und zugleich unberechenbar, vielleicht sogar ein wenig „verrückt" wirkend. Mehr und mehr Menschen erkennen, daß es sich lohnt, dieses Risiko auf sich zu nehmen. Immer mehr Unternehmen entdecken, daß die „perfekten", also in Wahrheit stromlinienförmigen Führungskräfte sie nicht weiterbringen, sondern im Gegenteil überlebenswichtige Veränderungsprozesse blockieren und verhindern. Als oberste Grundregel für zukunftsorientierte Unternehmen fordert der amerikanische Management-Guru Tom Peters, neugierige, verrückte und störende Personen einzustellen. Das neue Jahrtausend gehört denjenigen, die ihre innere und äußere Autonomie gefunden haben und ihre Zufriedenheit aus sich selbst heraus beziehen. Statt aalglatten, auf Image-Ethik getrimmten und mit Showeffekten glänzenden Managern braucht unsere Unternehmenskultur Menschen, die noch Zugang zu ihrer eigenen Intuition, Kreativität und Gelassenheit haben – Menschen, für die „Vernunft" mehr ist als das bloße Analysieren und Zergliedern von Informationen und die „Strategie" zu anderen Zielen einsetzen als zur Vernichtung der Konkurrenz.

Die Befreiung von den Konditionierungen der Vergangenheit läßt sich erlernen. Wenn Sie dazu bereit sind, möchte Ihnen das vorlie-

> „Ein Pfad, dem nur wenige folgen, führt zu Höherem als eine Straße, die Tausende gehen."
>
> Thomas Edward Lawrence, genannt „Lawrence of Arabia"

gende Buch dabei eine wichtige Hilfe sein. Als ein Plädoyer für das Leben jenseits der eingelaufenen Bahnen muß es diese selbstverständlich ebenfalls verlassen. Daher werden Sie in jedem Kapitel kleine Geschichten, Zitate oder Fragenkataloge finden, die Ihren Blick erweitern und Ihnen helfen sollen, aus dem Patchwork der Einzelstücke ganz auf Ihre eigene Weise ein vollständiges Gesamtbild zu erstellen. Alles besteht unabhängig voneinander und ist doch miteinander verwoben.

Einstimmen möchte ich Sie mit einer kleinen Erzählung, die von dem Gespräch eines holländischen mit einem indischen Psychiater berichtet.

> „Eines Abends äußerte ich meine Bewunderung für seine (Neki Singhs) enormen Kenntnisse. Daraufhin antwortete er mir, daß ihm, je länger er lebe, desto deutlicher werde, daß er im Grunde nichts wisse. Ich bat ihn, mir das zu erklären. Er nahm einen Kugelschreiber aus seinem Sakko und malte mitten auf die weiße Tischdecke einen kleinen blauen Punkt. ‚Stell dir vor', sagte er, indem er seine Hände über dem Tischtuch ausbreitete, ‚dieses Tischtuch symbolisiere die Welt, in der wir leben. Diese Welt ist unbegrenzt und unendlich, und deshalb ist auch die Zahl der Dinge, die gewußt werden können, unendlich. Der kleine blaue Punkt ist sozusagen die Kenntnis eines Menschen von dieser Welt. Die Grenzlinie um den Punkt – der winzige Kreis, den man um die Außenseite des Punktes ziehen kann – ist der Ort, an dem diese Kenntnis und die unendliche Welt einander berühren. Du siehst, daß die Berührungsfläche zwischen der Kenntnis der Person und der Welt nur sehr klein ist.

Er weiß praktisch nichts. Aber weil er nur so wenig mit dem in Berührung kommt, so wenig von dem sieht, was er nicht weiß, kann er sich einbilden, daß er sehr viel weiß.

Stell dir nun jemanden vor, der jahrzehntelang Kenntnisse über alle möglichen Themen erworben hat.' Neki zeichnete jetzt einen Kreis von der Größe eines Groschens auf die Tischdecke. ‚Jetzt siehst du, daß es viel mehr Kontakt, eine viel größere Berührungsfläche gibt zwischen demjenigen, der weiß, und allem, was es in dieser unendlichen Welt (er zeigte wieder auf die weiße Tischdecke) zu wissen gibt. Er kommt einfach mit viel mehr in Berührung und hat viel mehr Sicht auf das, was er nicht weiß. Für ihn ist es darum viel weniger einfach, mit der Illusion zu leben, er wisse viel von der Welt draußen, von der Welt auf dem schweigenden Niveau.' "

Quelle: René Diekstra, Schritte zum Selbst, Stuttgart 1994

1 Es gibt kein richtiges Führen im Falschen

Mit diesem abgewandelten Zitat von Theodor W. Adorno möchte ich Ihnen, liebe Leserinnen und Leser, helfen zu erkennen, daß der Manager in Ausübung seiner Rolle als Führungskraft immer im gesellschaftlich determinierten Kraftfeld agiert und daß diese Verbundenheit ihm die Verpflichtung auferlegt, sein Handeln im politischen Kontext zu interpretieren.

„Jeder Mensch kann sich nur so gut selbstverwirklichen, wie es seine Umgebung zuläßt", soll Arthur Koestler gesagt haben und erzählte dazu die alte chinesische Geschichte, die im nächsten Kapitel wiedergegeben ist.

2 Keiner weiß, was falsch und richtig ist

Ein alter Mann mit Namen Chunglang, das heißt „Meister Felsen", besaß ein kleines Gut in einem kleinen Dorf. Hinter seinem kleinen von Wind und Wetter gezeichneten Haus weidete sein ganzer Stolz: eine weiße Stute.

Die Nachbarn, welche es gerne gesehen hätten, wenn der Alte endlich Haus und Hof in Ordnung gebracht hätte, aber um seine Armut wußten, pflegten gelegentlich bei ihm hereinzuschauen, um ihn davon zu überzeugen, daß es richtig wäre und weitsichtiger, die Stute zu verkaufen und von dem Erlös endlich die klappernden Fensterläden und die zum Dorf gewandte Hofseite in Ordnung zu bringen.

„Irgendwann", sagten sie, „wird dir die Stute weglaufen oder gestohlen werden, und dann bleibt dir nichts mehr."

In solchen Fällen pflegte der alte Chunglang still in sich hineinzulächeln und zu sagen: „Ja, ja, aber keiner weiß, was falsch und richtig ist."

Eines Tages begab es sich nun, daß er morgens aus dem rückwärtigen Fenster schaute, sich zweifelnd die Augen rieb und feststellen mußte, daß seine geliebte weiße Stute verschwunden war.

Schon nach kurzer Zeit kamen sie, die Nachbarn, bejammerten die Situation ob der dahingeschwundenen Chance, doch noch den Alten überreden zu können und vor allem die klappernden Fensterläden endlich stillegen zu können.

„Siehst du", sagten sie, „wir haben dir doch gesagt, was richtig wäre, aber du wolltest ja nicht auf uns hören."

Aber anstatt reumütig die lieben Nachbarn zu besänftigen, sagte der Alte nur: „Ja, ja, aber keiner weiß, was falsch und richtig ist".

Und siehe da, einige Wochen später, die Nachbarn wollten ihren Augen nicht trauen, erschien die weiße Stute des alten Chunglang wieder am Waldrand, hatte sechs schwarze Hengste mitgebracht und trabte mit ihnen locker durch das offenstehende Gatter auf die Weide hinter dem Haus.

Wiederum erschienen die Nachbarn und wollten Chunglang zu diesem Glücksfall gratulieren.

„Es war wohl doch richtig, die Stute zu behalten", sagten sie und Chunglang lächelte wieder still in sich hinein und sagte: „Keiner weiß, was falsch und richtig ist".

Seit nun so viele Pferde zur Verfügung standen, begann der Sohn des Alten eine Neigung zum Reiten zu fassen und wollte alle wilden Hengste einreiten.

„Das darfst du nicht zulassen", riefen die Nachbarn, „das ist falsch, der Junge ist noch zu klein und kann sich ernsthaft verletzen".

„Ja, ja," sagte Chunglang wieder geduldig, „aber keiner weiß, was falsch und richtig ist."

Eines Tages fiel der Junge des alten Chunglang tasächlich so unglücklich vom Pferd, daß er sich die Hüfte und den Oberschenkel brach und fortan einseitig gelähmt durch das Dorf humpelte.

„Siehst du", sagten die Nachbarn zu Chunglang, „es war falsch, den Jungen reiten zu lassen. Nun bist du schuld an seinem Schicksal".

Aber auch jetzt, obwohl von der Tragik gezeichnet, sagte der Alte nur: „Ja, ja, keiner weiß, was falsch und richtig ist".

Im Jahr darauf erschien die Kommission der „langen Latten" in den Bergen, um alle kräftigen Männer für den Stiefeldienst des Kaisers und den wieder einmal ausgebrochenen Krieg mit den „uneinsichtigen" Nachbarstaaten zu rekrutieren.

Den Sohn des Alten, der noch immer durch das Dorf humpelte, verschonten sie als einzigen.

Chunglang mußte lächeln, und in seinem gütigen Gesicht konnte man die Antwort auf die nichtgestellte Frage lesen.

„Ja, ja ...".

Es darf wohl als sehr vermessen gelten, daß wir annehmen, moderne Führungskräfte, also Menschen, die unser traditionelles Bildungssystem erfolgreich durchlaufen haben, die gesellschaftlich üblichen Belohnungs- und Bestrafungsrituale internalisiert haben und in Ausübung ihrer Tätigkeit kaum Zeit zur Reflektion finden, könnten durch ein- oder mehrtägige Seminare auf einen anderen Kurs getrimmt werden, der, wenn er erfolgreich sein soll, gängigen Wertkonstruktionen der Gesellschaft zuwiderlaufen muß.

„Korea gibt 23 % seines Haushaltes für Erziehung und Ausbildung aus, Deutschland 12 %. Es ist nur eine Frage der Zeit, bis die Mehrzahl aller Innovationen aus dem Fernen Osten kommt."

Peter Strüven,
Senior President der
Boston Consulting Group,
in: „Capital" 6/95

Unsere Gesellschaft versucht, uns das Ideal der Perfektion aufzuzwingen, auf daß wir eigene Ideale entwickeln, die nur das Absolute und Hundertprozentige anerkennen. Produziert werden dadurch Heerscharen von selbstzugewiesenen Versagern und überängstigten Menschen mit geringem Selbstwertgefühl, ohne Risikobereitschaft und Neugier.

Wie kommt das? Welche Annahmen stehen hinter dieser bei näherer Betrachtung völlig unsinnigen und unnötigen Strategie?

„Die Fähigkeit, vorauszusehen, daß gewisse Dinge nicht voraussehbar sind, ist von entscheidender Bedeutung."

Jean-Jacques Rousseau

Wir leben in einem Gesellschaftssystem, das von seinen Mißständen profitiert. Kurz gesagt: Wenn in immer mehr Brunnen immer mehr Kinder fallen, haben hierzulande die Rettungsdienste Konjunktur. Ein immer größerer Teil der Einkommensbezieher kapitalistischer Industriegesellschaften – und nur für diesen Typ Gesellschaft möchte ich hier reden – lebt von strukturellen Problemlagen, die das Industriesystem systematisch hervorruft.

Erich Fromm sagte dazu bereits 1950: „Wenn wir nicht aufpassen, brauchen wir in den achtziger Jahren den kranken Menschen, um eine gesunde Wirtschaft zu erhalten".

3 Das Zeitalter der Perfektion

Unser technologisches Zeitalter stellt Messen und Quantifizieren – also wieder Perfektion – wertmäßig weit über Anteilnahme und echtes Verstehen. Ganz nach dem Motto „Gestern standen wir am Abgrund – heute sind wir einen Schritt weiter" schreiten wir anscheinend sehenden Auges mit atemberaubender Geschwindigkeit ins Unheil.

Es ist erstaunlich, wie der Mensch, der von sich behauptet, vernunftbegabt zu sein, und sich trotzdem in anthropozentrischem Größenwahn über die Natur erhoben hat, es zuläßt, daß der größte materielle Wohlstand der Menschheit so extremes soziales Elend hervorgebracht hat.

Natürlich wollen wir alle wirtschaftlichen Wohlstand – aber zu welchem Preis in welchem Umfang? Was haben wir denn erreicht? Wie kann zum Beispiel erklärt werden, daß fast 200 Jahre nach dem Beginn der industriellen Revolution die Zahl der Menschen, die in materiellem Elend leben, exponentiell steigt? Zu Beginn des 19. Jahrhunderts zählte die Bevölkerung in städtischen Elendsquartieren etwa sieben Millionen Menschen. Heute ist diese Zahl auf über 575 Millionen angestiegen und dies liegt nicht am Bevölkerungswachstum allein. Die Slums wuchsen etwa sechzehnmal schneller als die Gesamtbevölkerung unseres Planeten. Trotz abenteuerlicher technischer Innovationen und der größten wirtschaftlichen Expansion der Menschheitsgeschichte innerhalb kürzester Zeitspannen (oder gerade deshalb) steigt weltweit das Elend dramatisch an.

Wie kann es auf dem Hintergrund einer so intelligenten Spezies wie der unseren dazu kommen, daß die Menschheit und der gesamte Planet mit hausgemachten Bedrohungen leben muß, die jenseits jeglichen Verstandes Kopfgeburten eines diabolischen Selbstzerstörungswahns sein müssen. Die heutigen Probleme unterscheiden sich gravierend von den kurzzeitigen und bewältigbaren Problemen der Vergangenheit wie Hungerkatastrophen, Kriegen, Epidemien oder regionalen Überschwemmungen und Dürreperioden.

Heute bedrohen dramatische Klimaveränderungen aufgrund der fortschreitenden Zerstörung der Ozonschicht und der daraus resultierenden tödlichen Bedrohung durch das eigentlich lebensspendende Sonnenlicht bereits ganze Erdteile. In Australien und Neuseeland dürfen in manchen Regionen Kinder im Sommer nur noch wenige Minuten ins Freie, und das meist nur komplett bedeckt. Das Reservoir unserer Weltmeere wird vergiftet. Die Nahrung wird immer verseuchter. Eben war es noch der Fisch, jetzt ist es das Kalbfleisch und morgen dürfen wir nur noch flach atmen, weil Atmen lebensgefährlich geworden ist. Im Osten warten gigantische Atomkraftwerke auf den Ausbruch, und wir müssen mitansehen, wie ehrgeizige Landesfürsten – nach wie vor völlig unbeeindruckt von der Kritik der Fach- und Weltpresse – ihre Atomversuche starten.

4 Fortschritt statt Gott

Um das zu verstehen, müssen wir vielleicht etwas tiefer graben und versuchen, unsere westliche Kultur in ihren Enstehungsabläufen zu begreifen. Der Hintergrund unserer Religion zeigt auf, daß es für uns den alles umfassenden Schöpfer gibt, der den Menschen nach seinem Ebenbild geschaffen hat und ihm die Vertretungsberechtigung auf Erden zuspricht.

> „Was bringt den Doktor um sein Brot?
> a) die Gesundheit
> b) der Tod
> So hält der Arzt, auf daß er lebe, uns zwischen beidem in der Schwebe."
>
> Eugen Roth

Das impliziert, daß der Mensch im Betrachtungsrahmen der Natur etwas Besonderes ist und sich grundsätzlich von anderen Lebensformen unterscheidet. Dieses anthropozentrische Weltbild unterscheidet sich stark von der religiösen Sicht der Urvölker, die sich einen Menschen ohne Beziehung zu den beseelten und nicht beseelten Kräften seines Umfeldes nicht vorstellen konnten. Während die Ur-Position die Beziehung in den Vordergrund ihres Handelns stellte, beutet das heutige „naturwissenschaftliche" Verständnis die Natur aus und versteht darunter etwas, das, wie Francis Bacon es nannte, „mit Hunden gehetzt und der letzten Geheimnisse beraubt werden müsse". Wir fühlen uns frei und anscheinend völlig unschuldig in der grenzenlosen Ausbeutung der Natur – ist der Mensch doch dazu berechtigt. Im Rahmen dieser Theorien und unter Zuhilfenahme der daraus folgenden Werke hat der Mensch zweifellos Gigantisches geschaffen. Schließlich sind wir ja, wie Loriot zu sagen pflegt „das einzige Lebewesen, dem es gelingt, bei einem Flug in 10 000 Meter Höhe auch noch eine warme Mahlzeit zu sich zu nehmen".

Der unvermeidliche Schluß für viele ist, daß der Mensch die Natur zu seinen egoistischen Zwecken benutzen kann und darf und die

Wissenschaft das Werkzeug dazu sei. Und nachdem – wie Fromm es formulierte – an Stelle von Gott die Fortschrittsgläubigkeit getreten ist, also die Wissenschaft von der Moral abgetrennt wurde, waren und sind alle Wege offen. In dem Glauben erzogen, unsere Wissenschaft werde schon alle Probleme durch immer neue Problemlösungsmöglichkeiten und passende Erfindungen ausgleichen, enwickelte sich ein immer schneller wachsendes Krisenpotential.

> „Also die Anni, die hat gesagt, der Dr. Maier, also als Arzt ist er nichts, aber als Kaufmann hervorragend."
>
> Gerhard Polt

5 Der Bruttozufriedenheitsquotient

Was können wir tun? Wir stehen vermutlich an einer entscheidenden Stelle in der Geschichte der Menschheit und müssen uns fragen, welche Prioritäten wir für die Zukunft setzen wollen. Ob wir den gegenwärtigen Zustand für gut oder schlecht halten, ist vermutlich von sekundärer Bedeutung. Wir müssen etwas ändern – und zwar schnell, aber wir können nicht rigoros sämtliche Strukturen umbrechen, sonst wäre das Resultat sofortiges soziales und wirtschaftliches Chaos, unglaubliche Aggressivität und vermutlich größere Armut mit all den Folgen, die erkennbar sind. Ein Mensch, der – wenn auch nur vermeintlich – um sein nacktes Leben kämpft, hat verständlicherweise nur wenig Bereitschaft, sich nach den Existenzbedrohungen der nächsten Jahrzehnte zu richten, und sieht sein direktes Überleben im Vordergrund. Was wir ändern müssen, ist wahrscheinlich unser Denken, die Art und Weise, wie wir Dinge und Abläufe betrachten, bewerten und danach handeln. Was wir brauchen, ist – wie Peter Russel es sagt – ein neues Bewußtsein: ein Bewußtsein für Werte, die nicht in quantifizierbare und meßbare Einheiten zerlegt werden können und das den Menschen in seiner Ganzheit und Unzulänglichkeit – jenseits von Perfektion – akzeptiert und weiterentwickelt.

„Die wirkliche Entdeckungsreise besteht nicht darin, neue Landschaften zu suchen, sondern sich die Welt mit neuen Augen anzuschauen."

Marcel Proust

Nur dann wird es möglich sein, Zugang zu den richtigen Lösungen zu finden. Unser Ziel muß es sein, die Voraussetzungen dafür zu schaffen, den nötigen Wandel auf eine Art zu bewirken, die die soziale Stabilität nicht gefährdet, damit wir die Wirtschaft nicht derart entkräften, daß deswegen die Ideale einen Rückschlag erleiden und vielen Menschen die Erwerbsgrundlage genommen wird. Ein globales industrielles System und eine davon abhängige industrielle Gesellschaft kann nicht, wie Sir James Goldsmith es formulierte, abrupt auseinandergenommen werden. Es muß vielmehr materiellen Wohlstand mit möglichst geringen ökologischen und sozialen Schäden hervorbringen und dabei mithelfen, die Brücke zur Moderne zu schlagen.

Das naturwissenschaftliche Weltbild beschäftigt sich in seinen Institutionen, sei es Schulmedizin, Finanzwesen oder Erziehung, mit Symptomen und nicht mit Ursachen. Der moderne Mensch bevorzugt diese Art, seine Welt zu konstruieren und sich in ihr zu orientieren. Ein paar Beispiele sollen die Konsequenzen einer solchen Einstellung darstellen:

Der Wohlstand eines Gemeinwesens wird in unserer Gesellschaft mit dem Bruttosozialprodukt (BSP), der Summe aller jährlich hervorgebrachten Dienstleistungen und Güter, gemessen. Die internationale Stellung eines Landes und sein politischer Einfluß werden zu einem großen Teil von diesem BSP bestimmt.

Die Paradoxie dabei ist, daß z. B. immer neue Umweltprobleme immer neues Einkommen schaffen und die Zunahme der „Zivilisationskrankheiten" oder die steigende Kriminalität Wachstumsbedingungen der für die Produktion von Gegenmaßnahmen zuständigen staatlichen und industriellen Apparate ist. Gleiches gilt für weitere Bereiche – vom Katastrophenschutz bis zur Forschung.

Ein wachsender Teil des Bruttosozialproduktes der kapitalistischen Industrieländer setzt also die Probleme des anderen Teils voraus (was das BSP als Wohlstandsindikator entscheidend entwertet). Und obwohl – oder gerade weil – immer mehr Einkommensbezieher von der professionellen Problembekämpfung leben, nimmt das Volumen der Probleme nicht ab. Das Gegenteil ist offenkundig der Fall.

> „Da wir aus Ärzten Kaufleute machen, zwingen wir sie, die Handelskniffe zu erlernen."
>
> George Bernard Shaw

Bedauerlicherweise werden Länder mit steigendem BSP immer noch als wirtschaftliches und kulturelles Modell verstanden, und diese Nationen empfinden es sogar gewissermaßen als Verpflichtung, andere Kulturen dazu zu missionarisieren und sie zu lehren, wie eine „erfolgreiche" Volkswirtschaft aufgebaut wird.

Leider ist aber das BSP nur ein quantitatives Maß, kein qualitatives, und die bereits erwähnte Paradoxie schreitet fort und wird verständlicher, wenn wir uns deutlich machen, daß die Produktion eines Landwirts, der eine Vielzahl von Nahrungsmitteln für seine Familie anpflanzt, die Produktion nicht als Zunahme des BSP gerechnet werden kann, weil er sie ja nicht verkauft. Stellt er allerdings auf Monokultur mit all ihren bekannten langfristigen Konsequenzen um, dann werden sowohl seine Ernte wie auch seine selbstverbrauchten und zugekauften Lebensmittel dem BSP zugerechnet, und er wird belohnt.

> „Wenn man sieht, was die heutige Medizin fertigbringt, fragt man sich unwillkürlich: wieviel Etagen hat der Tod?"
>
> Jean-Paul Sartre

Wenn meine Frau für unsere vier Kinder selber sorgt, dann trägt sie nicht zum Bruttosozialprodukt bei. Wenn sie aber ihren studierten Beruf als Pädagogin ausübt und gleichzeitig für die Kinder eine Erzieherin einstellt, dann werden beide Tätigkeiten dem BSP zugerechnet. Die Konsequenzen für die emotionale und funktionale Erziehung bei der zweiten Version sollen hier nicht diskutiert werden. Aber selbst dafür hat die BSP-orientierte Gesellschaft ihre „wissenschaftlichen" Stützmodelle, um das Gewissen, sollte es denn überhaupt noch vorhanden sein, zu beruhigen.

Ich könnte die Aufzählung beliebig fortsetzen, möchte aber lieber einen kurzen Bericht von Sir Goldsmith anfügen:

„Kürzlich besuchte ich Bhutan und entdeckte ein zutiefst weises und schönes Land. 90 Prozent der Bevölkerung von Bhutan leben in kleinen bäuerlichen Familienbetrieben vor allem vom biologischen Anbau einer Vielzahl von Nahrungsmitteln, primär für den eigenen Bedarf. 60 Prozent der Landfläche werden von natürlichen Wäldern bedeckt, etwa ein Fünftel davon entfällt auf geschützte Reservate für Flora und Fauna. Die Architektur ist von ungewöhnlicher Schönheit; die Umweltverschmutzung und die Kriminalitätsrate haben den weltweit niedrigsten Wert, in der Gesellschaft werden religiöse und gesellschaftliche Traditionen hochgehalten. Nach den Maßstäben des Bruttosozialproduktes ist ein Bewohner der US-Hauptstadt Washington 96mal reicher als ein Einwohner von Bhutan. In Washington haben Kriminalität, Drogen, Alkoholismus, Selbstmord und der Zusammenbruch von Familien epidemisches Ausmaß angenommen. Trotzdem fühlt sich der Westen verpflichtet, Bhutan durch Modernisierung zu „bereichern". Zum Glück erklärte der König von Bhutan, er sei mehr an der Bruttozufriedenheit interessiert als am Bruttosozialprodukt."

Was muß noch alles passieren, damit wir uns einem neuen Verständnis von grundsätzlicher Ordnung und den übergeordneten Gesetzen zuwenden und verstehen, daß wir aus einem hohen Bruttosozialprodukt und technologischer Kompetenz nicht zwangsläufig größere Weisheit oder geistigen Vorsprung ableiten können?

Neben der Borniertheit der wesentlichen Funktionsträger stört und schmerzt mich persönlich allerdings die – vermutlich in unterschwellig erlebter Angst begründbare – Arroganz und Aggressivität in der Verteidigung nicht mehr haltbarer Paradigmen am meisten.

6 Auf in den Kampf

Die Welt der Nullsummenspieler kennt gegenwärtig keine Grenzen. Während das eine Unternehmen den Grabstein seines Wettbewerbers in die Lobby stellt und symbolisch jeden Tag mit frischen Blumen versieht, hissen andere Schlachtbanner oder postulieren Leitsätze aus dem Kriegsvokabular. Honda will den schärfsten Konkurrenten Yamaha „zerstören, zermalmen und massakrieren", ABB und Siemens liefern sich bei Eisenbahnen und Kraftwerken „Preiskämpfe bis aufs Messer", und VW-Chef Piëch spricht von einem „gnadenlosen Krieg" und von „Schlammschlachten" mit Opel.

> „Als ich die 80er Jahre die Zeit der geballten Fäuste nannte und davor warnte, die 90er Jahre würden noch härter, war dies eine Untertreibung."
>
> Jack Welch
> Vorstandsvorsitzender
> von General Electric

//n# 7 Hyperwettbewerb

Hyperwettbewerb nennt Professor Richard D'Avenie diese Form der Eroberung von Marktanteilen und definiert ihn als reinstes Nullsummenspiel: der beste Weg, um Verlierer-/Verlierer-Positionen zu schaffen. Eine Spielweise, die nur in der heutigen Zeit mit ihrer kurzfristigen Erfolgsorientierung denkbar ist.

Der amerikanische Fernsehproduzent und Drehbuchautor Norman Lear benannte die Gesellschaftskrankheit unserer Zeit: das kurzfristige Denken.

> „Die amerikanische Wirtschaft war noch nie so populär und so erfolglos wie heute, und die Wirtschaftskapitäne waren noch nie so gefeiert und so inkompetent."
>
> Warren Bennis

Dick Ferry, Präsident und Mitbegründer von Korn/Ferry sagt: „Die amerikanischen Unternehmen mögen theoretisch über die Bedingungen des Erfolgs im nächsten Jahrhundert spekulieren; wenn es jedoch darum geht, konkrete Entscheidungen zu treffen, dann kommt es für sie allein auf den Ertragsbericht im nächsten Quartal an. So läuft es meistens ab. In dieser starren Sichtweise wird gegenüber kurzfristigen Ertragssteigerungen alles andere sekundär. Wir sind in einer Sackgasse. Das Prämiensystem in diesem Land ist auf den schnellen Gewinn ausgerichtet."

DVS-Untersuchung: Die aktuelle Wettbewerbssituation der Unternehmen in Deutschland

Die Deutsche Verkaufsleiter-Schule (DVS) befragte 1200 Geschäftsführer sowie Marketing- und Vertriebsführungskräfte aus unterschiedlichsten Branchen zur derzeitigen Wettbewerbssituation ihrer Unternehmen. Die Wettbewerbslage stellt sich für die Unternehmen wie folgt dar:

Alleinstellungen im Markt ohne nennenswertes Wettbewerbsgeschehen	2 Prozent
Nur mäßige Wettbewerbsaktivitäten	7 Prozent
Reger Wettbewerb ohne harte Konkurrenzkämpfe und Preisschlachten	24 Prozent
Ausgeprägter Verdrängungswettbewerb mit harten Preiskämpfen	41 Prozent
Hyperwettbewerb mit aggressiven Konkurrenzattacken und ruinösen Preiskämpfen	26 Prozent

Fazit: 67 Prozent der Unternehmen haben es in ihren Märkten mit einem ausgeprägten Verdrängungswettbewerb bzw. bereits mit einem eskalierenden Hyperwettbewerb zu tun.

Auszüge aus einem Interview mit Professor Richard A. D'Aveni in der Zeitschrift „manager magazin":

mm: Professor D'Aveni, Sie haben den Begriff „Hyperwettbewerb" geprägt. Was unterscheidet ihn von herkömmlichem Konkurrenzverhalten?

D'Aveni: Stabile Verhältnisse, am besten Oligopole oder Monopole, sind seit jeher das übergeordnete Ziel von Unternehmen. Man geht vornehm miteinander um, definiert Marktsegmente, die man für sich selbst beansprucht, und konkurriert dafür nicht allzu hart auf anderen Feldern. Jetzt fällt eine dieser Festungen nach der anderen, es gibt kein gemeinsames Interesse der Marktteilnehmer mehr. Deshalb gilt es auch nicht als unfein, einen Konkurrenten zu ruinieren. Was gestern böse und unfair war, ist heute Überlebensstrategie.

mm: Wettbewerb als Nullsummenspiel?

D'Aveni: Darauf läuft es hinaus. Im Hyperwettbewerb ist nicht mehr die Gewinnsteigerung das entscheidende, sondern die Maximierung der Verluste der Konkurrenz. Ein Hyperwettbewerber genügt, um eine ganze Branche in diese Richtung zu zwingen, die niemand will ...

mm: ... so lange, bis die Marktführer dem Treiben ein Ende machen. Sie beschreiben ein Phänomen, das immer mal wieder kommt und geht.

D'Aveni: Das denken viele Unternehmen und schaufeln so ihr eigenes Grab. Zusammenwachsende Technologien beispielsweise bei Multimedia, Deregulierung, Privatisierung, Globalisierung und die immer höhere Erwartungshaltung der Kunden erzeugen einen ständigen Strom neuer Konkurrenten. Und die haben kein Interesse an den Wettbewerbsregeln der etablierten

Spieler. Sie pfeifen auf Stabilität und stillschweigende Absprachen, es zählt nur die Jagd auf Marktanteile.

mm: Gibt es Abwehrstrategien gegen Hyperwettbewerber?

D'Aveni: Es ist heute oft so, daß ein Unternehmen potentielle Konkurrenten überhaupt nicht auf seinem Radarschirm hat. Citibank und American Express hätten doch nie vermutet, daß sie im Kreditkartengeschäft einmal von einer Telefongesellschaft, AT & T, und einem Autokonzern überholt werden. General Motors hat in sechs Monaten mehr Kreditkarten herausgegeben als American Express seit seiner Gründung.

mm: Soviel zu den Angreifern, aber was machen die Attackierten?

D'Aveni: Die erfolgreichen Verteidiger werden selbst zu Hyperwettbewerbern. Das heißt, sie stecken ihre langfristigen Strategien in den Schredder und geben sich mit kurzfristigen Wettbewerbsvorteilen zufrieden. Sie greifen den Gegner nicht auf seiner schwachen Flanke an, sondern versuchen, seine Kernkompetenz zu zerstören. Und sie schaffen Verwirrung, indem sie Überraschungsangriffe genau dort planen, wo sie selbst von anderen für schwach gehalten werden.

mm: Unternehmen sind in erster Linie deshalb führend, weil Kunden und Mitarbeiter bestimmte Merkmale wie Qualität, Preis- und Kostenführerschaft oder besonderen Service mit ihrem Namen verbinden. Führt Ihre Strategie nicht zur Selbstzerstörung?

D'Aveni: Früher vielleicht, als die Welt noch hübsch sortiert war, in Markenartikler und Billiganbieter beispielsweise. Die Revolution von Geschäftsprozessen, von

Fertigungsmethoden und in der Produktentwicklung haben aber dazu geführt, daß es heute Firmen gibt, die alles können. Völlig unberechenbar bewegen sie sich von einem Wettbewerbsvorteil zum nächsten. Wir leben nicht mehr in einem Zeitalter der Verteidigung von Schlössern und Burgen. Die Welt des Hyperwettbewerbs ist eine Zeit der Schläue, des Tempos und der Überraschung.

8 Nullsummenspiele oder: Das Spiel des Lebens

Stellen Sie sich einmal folgende Situation vor:

Ein Staatsanwalt hält zwei Männer in Untersuchungshaft, die des Raubes verdächtig sind. Die gegen die beiden vorliegenden Indizien reichen aber nicht aus, um den Fall vor Gericht zu bringen. So läßt er sich die beiden Gefangenen vorführen und teilt ihnen frontal mit, daß er zu ihrer Anklage ein Geständnis brauche. Weiterhin sagt er ihnen, daß er sie dann, wenn beide den Raubüberfall leugnen, nur wegen illegalen Waffenbesitzes zur Anklage bringen kann und daß sie dafür schlimmstenfalls zu je sechs Monaten Gefängnis verurteilt werden könnten. Gestehen beide aber ihre Tat, so werde er dafür sorgen, daß sie nur das Mindestmaß für Raub, nämlich zwei Jahre Gefängnis bekommen. Wenn aber nur einer ein Geständnis ablegt, der andere aber weiterhin die Tat leugnet, würde der Geständige damit zum Kronzeugen und ginge frei aus, während der andere das Höchstmaß, nämlich 20 Jahre, erhalten würde. Ohne ihnen die Möglichkeit einer Absprache zu geben, schickt er die Gefangenen zurück in getrennte Zellen und verhindert jede Art von Kommunikation.

Welcher Art sind nun die Gedanken, die vermutlich die Situation dieser beiden Gefangenen kennzeichnet? Bei flüchtiger Betrachtung erscheint die Lösung recht einfach: Da ein halbes Jahr Gefängnis sicherlich zwei Jahren oder sogar 20 Jahren vorzuziehen ist, schneiden beide Verdächtigen am besten ab, wenn sie die Tat leugnen. Doch gemäß ihrer natürlichen Sozialisation ist zu erwarten, daß sie, kaum in der Einsamkeit der Zelle die Alternativen durchdenkend zu dieser Einsicht gekommen, auch schon anfangen zu zweifeln. „Was ist, wenn der andere, der vermutlich genauso intelligent ist wie ich, ebenfalls zu diesem Schluß kommt, aber die Situation ausnützt und die Tat gesteht? Er wird dann freigelassen – und das könnte ihn entscheidend motivieren –, und ich werde nicht sechs, sondern zwanzig Jahre eingebuchtet. So macht es keinen Sinn zu leugnen; ich bin besser dran, wenn ich gestehe, denn wenn er nicht gesteht, bin ich derjenige, der in die Freiheit geht."

Die Überlegung kann – je nach geistigem Vermögen – aber auch noch weitergehen: „Wenn ich aber ein Geständnis ablege, werde ich nicht nur sein Vertrauen enttäuschen, daß ich zu ihm halte und die für uns beide beste Lösung wähle (nämlich sechs Monate für Leugnen), sondern ich laufe auch noch Gefahr, daß er, mit demselben Egoismus, uns eine Situation mit zwei Jahren Knast aushandelt, was bedeutend schlimmer wäre als sechs Monate."

Dieses Dilemma ist nicht einfach aufzulösen. Denn selbst wenn die Gefangenen es schaffen könnten, miteinander zu kommunizieren, um eine Verabredung zu treffen, so wüßten sie nicht, ob am Tage der Gerichtsverhandlung der Komplize nicht doch noch die Vereinbarung brechen würde – und damit beginnen die Überlegungen von neuem.

Bei etwas intensiverem Nachdenken erschließt sich allerdings die Einsicht, daß die Vertrauenswürdigkeit des Komplizen weitgehend davon abhängt, wie vertrauenswürdig man selbst dem anderen erscheint, und dies wiederum hängt davon ab, wieviel Vertrauen

---

„Für unendliche Spieler ist es nicht nötig, daß sie Christen sind; eigentlich ist es ihnen gar nicht möglich, ernsthaft Christen zu sein. Ebenso wenig ist es ihnen möglich, ernsthaft Buddhisten oder Moslems oder Atheisten oder New Yorker zu sein. Alle derartigen Titel können nur spielerische Abstraktionen sein, bloße Schaudarbietungen, um Gelächter hervorzurufen. Unendliche Spieler sind keine ernsthaften Schauspieler in einer Geschichte, sondern die fröhlichen Poeten einer Geschichte, die fortgesetzt neu erschafft, was sie nicht vollenden können."

James P. Carse, in: „Endliche und unendliche Spiele: Die Chancen des Lebens"

jeder seinerseits dem anderen zu schenken bereit ist – und so weiter und so weiter.

Dieses interessante Interaktionsmuster ist Gegenstand vieler Untersuchungen gewesen und bekommt in den sozialwissenschaftlichen Betrachtungen von Vertrauen und Solidarität entscheidende Bedeutung.

In der Entwicklung des Spieles wurde schnell deutlich, daß aus der Sicht des Gewinnens für beide – der Win-Win-Strategie – jeder Spieler am besten profitiert, wenn er kooperiert.

Das wichtigste Werk zu diesem Denkansatz des Gefangenen-Dilemmas ist Rapoports und Chammahs Buch „Prisoner's Dilemma; A Study in Conflict and Cooperation".

Robert Axelrod, Professor für politische Wissenschaft an der Michigan-University of Ann Arbor, hat später besser als jeder andere geholfen zu verstehen, wodurch in diesem Zusammenhang Kooperations- und Konkurrenzstrategien ausgelöst werden.

Axelrod fragte sich, wie er Spieler in beliebigen Situationen – er ging von dem speziellen Fall nationaler Regierungen aus – dazu bringen könnte, den Nutzen der Kooperation schnell zu erkennen.

Er kam zu dem Schluß. daß es für die Spieler am schwierigsten sein würde, zu kooperieren, wenn sie sich nicht mitteilen können, das heißt, wenn sie schweigend spielen und ihre Züge selbst die Kommunikation sein müssen.

„Es gibt nur ein unendliches Spiel."

James P. Carse,
in: „Endliche und unendliche Spiele:
Die Chancen des Lebens"

Um derartige Umstände zu erforschen, forderte er fähige Spieltheoretiker in der ganzen Welt auf, Computer-Strategien für das „Gefangenen-Dilemma" zu entwickeln. Jedes Programm mußte gegen alle anderen spielen.

9 Tit for Tat oder: „Wie du mir, so ich dir"

In der ersten Runde war „Wie du mir, so ich dir" der siegreiche Schachzug. Eine Strategie, die mit Kooperation begann, aber danach, wie der Name der Strategie besagt, in der Weise verfuhr, daß der letzte Zug des Gegners erwidert wurde. Das heißt, wenn der Gegner kooperierte, wurde kooperiert, wenn er zurückgeschlagen hatte, wurde zurückgeschlagen.

> „Der Mensch ist die beste Medizin des Menschen."
>
> Nigerianische Weisheit

Nachdem er seine Teilnehmer über den Erfolg von „Wie du mir, so ich dir" informiert hatte, führte Axelrod ein zweites Turnier durch. Obwohl diese Vorschläge hinterlistiger waren, blieb das Ergebnis das gleiche: „Wie du mir, so ich dir" gewann wieder.

Axelrod kam zur Ansicht, daß die strategisch begrenzte Vergeltung der Strategien nach dem Muster „Wie du mir, so ich dir" erfolgreich ist, indem der andere zur Kooperation gebracht und nicht geschlagen wird. Er sagt:

„Auf Erwiderung beruhende Kooperation kann in einer Welt beginnen, in der meist nicht kooperiert wird, sie kann in einer vielseitigen Welt gedeihen, und sie kann sich verteidigen, wenn sie sich einmal etabliert hat."

10 Die 5-Prozent-Lösung

Am überraschendsten ist vielleicht Axelrods 5-Prozent-Lösung.

Wenn man fünf fähige und kooperierende Führungskräfte, die motiviert sind, „Wie du mir, so ich dir" zu spielen, in eine Gruppe mit fünfundneunzig aggressiven – auf Hyperwettbewerb getrimmten – Führungskräften setzt, ist es mit den destruktiven Mustern vorbei. Es kann allerdings eine Weile dauern.

Kann das wirklich wahr sein? Ist es möglich, daß Axelrod recht hat? Welche Möglichkeiten bestehen, daß sich Kooperation gerade in solchen Situationen entwickelt und durchsetzt, in denen

- keine zentrale Herrschaftsgewalt existiert, die kooperatives Verhalten erzwingen kann oder durch Unterlassung das Gegenteil fördert;

- explizit angenommen wird, daß die Beteiligten ihren eigenen Nutzen verfolgen, und

- kooperatives Verhalten nicht dadurch zu erreichen gesucht wird, daß das Spiel selbst verändert wird, etwa indem defektives Verhalten durch die Einführung einer Steuer bestraft wird?

Axelrod formuliert dazu auf der Grundlage seiner Untersuchungen folgende allgemeinen Bedingungen für die Evolution von Kooperation: In einer einmaligen Situation ist eigennütziges, nichtkooperatives Verhalten scheinbar erfolgreich. Besteht jedoch die Möglichkeit, daß die Spieler in fortlaufenden Interaktionen immer wieder zusammentreffen (iteriertes Gefangenen-Dilemma), so kann sich Kooperation entwickeln. Voraussetzung hierfür ist, daß ein Individuum in der Lage ist, einen anderen Spieler, mit dem er vorher zu tun hatte, wiederzuerkennen. Der einzelne muß sich außerdem an die frühere Geschichte der Interaktion mit diesem Spieler erinnern können.

11 Der Schatten der Zukunft

Damit sich Kooperation als stabil erweist, muß der „Schatten der Zukunft" hinreichend groß sein; d.h. die Chance, daß die Spieler sich wieder treffen, muß ausreichend hoch sein, und die Bedeutung des nächsten Treffens darf nicht zu stark diskontiert werden.

Damit Kooperation in einer Welt von egoistischen, nicht zu Kooperation neigenden Individuen entstehen kann, genügt es nicht, daß sie von einem einzelnen ausgeht. Kooperation muß vielmehr von einer Gruppe von Individuen ausgehen, die außerdem zumindest teilweise untereinander agieren.

Axelrods Experiment wurde in einer künstlichen Welt simulierter Spiele durchgeführt, und es war etwas simpel in seiner Art. Aber selbst wenn wir diese Einschränkungen anerkennen, lohnt es sich meiner Meinung nach, die von ihm gewonnenen Prämissen und Prinzipien auf ihre persönliche Brauchbarkeit für uns zu überprüfen.

Grundsätzlich kann die Strategie „Wie du mir, so ich dir", da sie auf reziprokem Verhalten aufbaut und kooperativ beginnt, keine andere Strategie direkt besiegen; sie führt bestenfalls zu einem gleichen oder gar zu einem schlechteren Ergebnis (doch sind die Verluste nicht hoch). Ihr Erfolg in langfristig angelegten Spielen ist jedoch darin begründet, daß sie zum einen mit einer großen Vielfalt anderer Strategien gut zurechtkommt und daß sie zum anderen die Gegenspieler zu einem Verhalten anregt, das für beide vorteilhaft ist. Das mit Abstand beste Abschneiden von „Wie du mir, so ich dir" in den computersimulierten Spielen von Axelrod begründet allerdings nicht eine bedingungslose Übertragung auf Alltagssituationen. Eine beste Strategie als alles umfassende „Geheimwaffe" existiert vermutlich nicht, denn der jeweilige Erfolg hängt von den anderen im „Spiel" beteiligten Strategien ab.

12 Die vier Erfolgs- eigenschaften

Die Übertragbarkeit beginnt dort, wo Axelrods Analysen ergeben, daß vier Eigenschaften zum Erfolg einer Entscheidungsregel beitragen:

1. Freundlichkeit
2. Provozierbarkeit
3. Nachsicht
4. Verständlichkeit

Freundlichkeit schützt vor unnötigen Konflikten, indem nicht als erster von kooperativem Verhalten abgewichen wird.

Provozierbarkeit hält die andere Seite nach einer versuchten Defektion davon ab, diese unbeirrt fortzusetzen.

Nachsicht ist hilfreich bei der Wiederherstellung wechselseitiger Kooperation.

Verständlichkeit erleichtert es den anderen Spielern, das Verhaltensmuster zu erkennen und sich seine Vorteile zunutze zu machen.

Wie lassen sich aus diesen Kenntnissen konkrete Übertragungen auf die normale Alltagswelt einer Führungskraft herstellen? Dazu möchte ich eine zeitgemäße Metapher benutzen, die vielerorts als Zukunftsorientierung verwandt wird: den Delphin.

13 Was Führungskräfte von „Delphinen" lernen können

Dudley Lynch, der amerikanische Bestsellerautor des Buches „Delphinstrategien", teilt seine äußere Welt in Karpfen, Haie und Delphine ein.

Aufgefächert in acht Schritten zeigt Lynch anhand dieser als Metapher dienenden Tiere, wie ihr Verhalten den alten Verhaltensnormen, die wir seit Jahrtausenden pflegen, überlegen ist. Weder das haiartige Zubeißen und Gewinnen, noch das karpfentypische ewige Mit-Leiden sind Strategien, die der heutigen Welt angemessen sind.

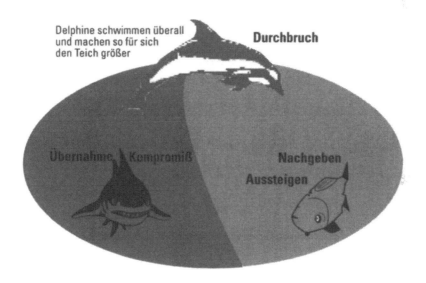

Wir brauchen neue Techniken im alltäglichen Umgang miteinander, um kritische Situationen mit klugen und eleganten Lösungen bewältigen zu können.

Karpfen und Haie glauben, daß wir in einer Welt des Mangels leben, daß es von allem nur einen begrenzten Vorrat gibt. Was wir haben und wieviel wir davon haben können, hängt nach ihrer Ansicht davon ab, wie wir uns in einer strukturierten und vorhersehbaren Welt verhalten, da immer die Gefahr besteht, daß uns dieser Vorrat ausgeht.

14 Karpfen, Haie und Delphine

Karpfen

Karpfen sind hingebungsvolle und schicksalsabhängige Verlierer. Ihr Glaube ist: „Ich kann nicht gewinnen, weder heute, noch später, niemals". Wer dies glaubt, konzentriert sich darauf, nicht zu verlieren.

Für Karpfen stellt sich die Welt folgendermaßen dar: „Sobald wir die Augen öffnen, können wir sehen, daß der größte Teil des Planeten das Spiel auf folgender Grundlage spielt: „Ich kann nicht gewinnen, aber wie vermeide ich es zu verlieren?" Wenn wir diese Entscheidung einmal getroffen haben, können wir vom Leben im besten Fall *nichts* bekommen. Haben wir einmal diesen Punkt erreicht, dann sind wir glücklich, wenn es nicht weh tut. Es wird höchstens nicht schlecht. Wir erwarten nicht mehr, daß es gut wird, wir hoffen nur, daß es nicht schlecht wird."

Haie

Haie sind aggressive und egoistische Verlierer. Ihr Glaube ist: „Ich bin ein Hai, und ich glaube an den Mangel. Aufgrund dieses Glaubens beabsichtige ich, um jeden Preis so viel wie möglich zu bekommen." Haie glauben, daß es einen Verlierer geben muß, und sie sind entschlossen, daß das jeder sein kann, nur sie nicht.

Delphine

Nicht so Delphine. Sie sind die eleganten, zukunftsorientierten Winner/Winner-Spieler. Delphine gehen mit folgender psychologischen Prämisse an die Welt heran: „Ich bin ein Delphin, und ich glaube an den potentiellen Mangel und den potentiellen Überfluß. Da ich glaube, daß wir beides haben können – daß es unsere Wahl ist – und daß wir lernen könen, das zu multiplizieren, was wir haben, und unsere Ressourcen elegant einzusetzen, mache ich Flexibilität und die Fähigkeit, aus weniger mehr zu machen, zu den Eckpfeilern der Methode, mit der ich meine Welt erschaffe."

Im Beispiel der Axelrodschen Dilemma-Situation, in der man nicht entkommen kann und die Mitspieler nicht kooperieren oder kommunizieren, hat man nur drei Möglichkeiten:

1. Man kann Karpfen sein.
2. Man kann Hai spielen.
3. Man kann „Wie du mir, so ich dir" spielen.

Und wenn man „Wie du mir, so ich dir" spielt, so erzielt man im Sinne von Lynch im von Delphinen bevölkerten Teil des Teiches den Durchbruch.

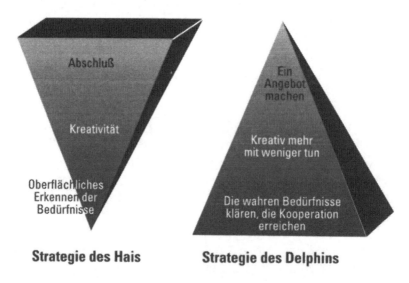

15 Das Spiel der Delphine

Delphine spielen „Wie du mir, so ich dir" auf folgende Weise:

▎ Sie verstehen, daß es länger dauert, bis „Wie du mir, so ich dir" gewinnt, wenn der „Boss" die Kooperation nicht unterstützt.

Es kann notwendig sein, einen Guerilla-Krieg zu führen, und es kann sogar notwendig sein, den Boss kaltzustellen. Ein Schlüssel ist es, schnell Verbindung zu anderen Delphinen herzustellen und die Interaktion unter den kooperativen Spielern zu stärken.

▎ Sie vergrößern den Einfluß der Zukunft auf die Gegenwart.

Je stärker den Spielern bewußt ist, daß sie sich treffen werden und miteinander auskommen müssen, desto größer ist die Wahrscheinlichkeit, daß sich eine gedeihliche Zusammenarbeit entwickelt. Da sie das wissen, handeln Delphine in der Weise, daß Interaktionen dauerhafter werden. Geopolitisch legen sie das Schwergewicht auf die Rituale der Diplomatie: die Trinksprüche, den Austausch von Geschenken, die Zeremonie und die Paraden. In der Unternehmenswelt erfüllen sie Verträge prompt, handeln schnell, um Auseinandersetzungen beizulegen, ergreifen die Gelegenheit, „menschliche Wärme" anzubieten und beachten die Rituale und Sitten der Geschäftswelt.

▎ Sie vermeiden unnötige Konflikte, indem sie so lange kooperieren, wie es die anderen Spieler auch tun.

Diese Politik der „grundsätzlichen Erwiderung" ist von kritischer Bedeutung, da jeder Versuch, die Kooperation der anderen Partei auszunutzen, den Echo-Effekt auslösen kann. Das Echo ist eine potentiell ernste Nebenwirkung des „Wie du mir, so ich dir", indem zwei Parteien in wechselseitiger Konkurrenz gefangen werden. Delphine schützen sich durch zwei Strategien dagegen, ein Echo auszulösen oder darin gefangen zu werden:

- Wenn sie es für notwendig halten, Vergeltung zu üben, tun sie das mit nur „90 Prozent" der Stärke des Zuges oder der Aktion des anderen Spielers (die 1 zu 0,9 Regel).

- Sie finden Möglichkeiten, dem anderen aufzuzeigen, daß sie zwar stark und in der Lage sind, unendlich lange Echo zu spielen, daß sie aber gewillt sind, aus einem Muster gegenseitiger Konkurrenz auszubrechen und eine großzügigere Strategie zu verfolgen.

Sie antworten auf einen „gemeinen" Zug sofort, indem sie angemessen zurückschlagen.

Die Wichtigkeit der augenblicklichen Vergeltung überraschte Axelrod. Er berichtete, daß er vor diesem Computer-Turnier in dem Glauben gewesen sei, die beste Strategie sei es, sich nicht aus der Ruhe bringen zu lassen. Die Ergebnisse überzeugten ihn aber davon, daß man Mißverständnisse herausfordert, wenn man mit der Antwort auf die Provokation des anderen Spielers wartet, d.h. wenn man das falsche Signal sendet. Ob das Problem der Nachbar über Ihnen ist, der um Mitternacht die Stereoanlage bis zum Anschlag aufdreht, oder ein Angestellter, der eine Krankmeldung mißbraucht: Schweigen kann als Duldung, Zustimmung oder Feigheit verstanden werden. Delphine üben sofort Vergeltung, um Mißverständnissen oder Unterschätzung vorzubeugen.

Obwohl sie schnell Vergeltung üben, vergeben Delphine auch schnell.

In dem Moment, in dem die andere Partei erkennen läßt, daß sie wieder kooperationsbereit ist, nehmen Delphine sie beim Wort. Frei nach dem Motto: „The past doesn't equal the future".

- Delphine geben sich Mühe, nicht zu klug zu sein.

Wenn man zu klug ist, kann man andere Menschen verwirren. Hat man eine klare durchgängige Strategie, so teilt man sofort mit, wie die eigenen Reaktionen zu interpretieren sind. Reaktionen, die nicht konsequent und sehr komplex sind, können verhindern, daß die andere Seite ein klares Bild davon gewinnt, wie man denkt. Wenn das der Fall ist, weiß sie möglicherweise nicht, wie sie sich auf dieses Handlungsmuster einstellen soll.

- Sie setzen den „return on investment" kreativ ein.

Wenn eine Seite erkennt, daß gegenseitige Konkurrenz größere Vorteile bringt als Kooperation, kann man nicht erwarten, daß sich eine Zusammenarbeit entwickelt. Statt dessen werden die Haie triumphieren. Also arbeiten Delphine daran, den langfristigen Anreiz für die Kooperation größer zu machen als den kurzfristigen Anreiz für die Flucht. Sie spielen aus einer Position der Stärke, für die sie kreativ vorgesorgt haben, so daß sie immer mit Würde aussteigen können.

Das kann z. B. bedeuten, daß sie mehrere Einkommensquellen entwickelt haben, damit sie immer die Wahrheit sagen und ungestraft gehen können, wenn ein Individuum oder eine Organisation versucht, ihr Verhalten durch wirtschaftliche Sanktionen zu steuern.

16 Die sieben Säulen des Durchbruchs

Die sieben Säulen zum Durchbruch sind also zusammengefaßt:

1. Habe Verständnis dafür, daß es längert dauert, bis die „Wie du mir, so ich dir"-Strategie gewinnt, wenn das Umfeld nicht unterstützt.

2. Versuche, in deinem Verhalten die Konsequenzen für die Zukunft unbedingt zu berücksichtigen. (Vernunft ist die Wahrnehmung des nächsthöheren Ganzen!)

3. Kooperiere so lange, wie es die anderen auch tun. So vermeidest du unnötige Konflikte und Energieverlust.

4. Antworte auf böse Attacken, indem du angemessen zurückschlägst. Berücksichtige die 1-zu-0,9-Regel.

5. Sei bereit zu vergessen, wenn du Kooperationssignale aufnimmst.

6. Sei offen und versuche, nicht „zu klug" zu erscheinen.

7. Vermeide einseitige wirtschaftliche Abhängigkeiten, damit du nicht erpreßbar wirst.

17 Die Winner-Winner-Strategie

„'Wie du mir, so ich dir' ist die Art und Weise", sagt Lynch, „mit der man beim Spiel mit Haien den Durchbruch anstrebt."

Diese Strategie hat die Entwicklung einer Kooperation zum Ziel. Wenn sich einmal Kooperation herausgestaltet hat, ist die Bühne frei für die wahrhaft aufregenden, produktiven Aspekte des Durchbruchspieles: Aspekte, die für alle Spieler sowohl langfristig als auch kurzfristig einen hohen Überlebenswert haben. Wenn sie mit Kollegen, Freunden, Verwandten oder Organisationen Durchbruch spielen, führt die Taktik der Delphine dazu, daß sich nicht nur ihre Gewinne, sondern auch die ihrer Partner potenzieren. Die Erfolgswege für Delphin-Führungskräfte sind:

- Entwickle Vertrauen und Harmonie.
- Sage die Wahrheit, damit du die Bedürfnisse von allen explizit klären kannst.
- Das gewünschte Ergebnis muß vorher festgelegt, geklärt und definiert werden.
- Verpflichte dich auf dieses Ergebnis und überlege, wie du es erreichen kannst.
- Bleibe bei deinen Konflikten in der Gegenwart verankert. Das hilft anderen, zu vermeiden, von Schuld und von Bedauern der Vergangenheit und von Zukunftsängsten gefangen zu werden.
- Konzentriere dich auf das, was jetzt gerade geschieht. An diesem Punkt zeigen sich Lösungen.
- Gib jede Schuldzuweisung auf, und konzentriere dich auf den Teil deiner Aufgaben, der funktioniert.

- Wenn starke negative Emotionen auftauchen, erkenne diese Gefühle an und frage: Was muß jetzt geschehen? Was muß geändert werden? Was kann ich tun, um diese Energie konstruktiv einzusetzen?
- Wenn ein Widerstand auftaucht, erforsche ihn und nutze ihn, statt die Kräfte mit ihm zu messen.
- Entwickle den Glauben, daß du die Macht hast, dein Leben direkt zu beeinflußen und daß man dich letztlich unterstützen wird.
- Hebe dir Urteile für später auf.
- Sei bereit, unlogisch zu handeln.
- Erlaube jedem zu gewinnen.
- Sprich über die Handlungen, die bei dir nicht funktionieren.
- Suche alternative Bedeutungen, die produktiver zur Situation und den Bedürfnissen jedes einzelnen passen.
- Frage: „Was wäre, wenn ..."
- Benutze Metaphern, Analogien und Geschichten, die zu der Situation passen, in der du dich befindest.
- Setze Humor ein. Wenn die Situation lustig wäre, worüber würdest du lachen?
- Sei bereit, eine Gewohnheit zu erkennen und sie zu durchbrechen.
- Suche das Unerwartete.
- Nimm dir Zeit, unbewußte Nachrichten zu registrieren.
- Suche die zweite, dritte oder vierte „richtige" Lösung.
- Akzeptiere den Streß, der notwendig ist, damit du auf eine höhere Ebene der Verarbeitung gelangst.

Ermitteln Sie Ihren Delphin-Quotienten!

Delphintest	immer	häufig	manchmal	selten	nie
Ich entwickle grundsätzlich unvoreingenommen erst einmal mit neuen Mitarbeitern.	4	3	2	1	0
Ich bin neugierig und suche das Unerwartete.	4	3	2	1	0
Ich kann mich sehr gut auf Veränderungen einstellen.	4	3	2	1	0
Unangepaßte und schädliche Verhaltensweisen, wie z. B. Rauchen, Süßigkeiten und aggressive Verhaltensmuster, kann ich problemlos abstellen.	4	3	2	1	0
Bevor ich in einer Situation entscheide, frage ich immer nach dem „großen Ganzen".	4	3	2	1	0
Mitarbeiter bezeichnen mich als humorvoll und lustig.	4	3	2	1	0
Wenn andere mehr erreichen, dann entwickele ich keinen Neid und freue mich vorurteilsfrei.	4	3	2	1	0
Konflikte betrachte ich als willkommene Herausforderung und Gelegenheit zum Wachsen.	4	3	2	1	0
Freunde bezeichnen mich als flexibel und reaktionsfähig.	4	3	2	1	0
Von vorgefaßten Meinungen kann ich problemlos abrücken, wenn es die Situation erfordert.	4	3	2	1	0
Denksportaufgaben – wie z. B. Münz- oder Streichholzaufgaben – löse ich mit Freude und Spaß.	4	3	2	1	0
Ich benutze oft Zitate, Metaphern, Analogien und Geschichten, um meine Botschaften anzureichern.	4	3	2	1	0
Summe					

Die Winner-Winner-Strategie

> **Testauswertung**
>
> Addieren Sie jetzt Ihre Punkte.
>
> Weniger als 12 Punkte: Vermutlich sind Sie in „guter Gesellschaft" von Haien und Karpfen großgeworden. Dringendett Handlungsbedarf. Karriereblocker.
>
> 12 – 23 Punkte: Vermutlich ist Ihre Bereitschaft zum Durchbruch eher gering. Seminare und Gespräche mit Delphinen helfen Ihnen.
>
> 24 – 35 Punkte: Sie sind auf dem besten Wege, ein Delphin-Manager zu werden. Weiter so. Stellen Sie sich der Herausforderung.
>
> 36 – 43 Punkte: Sie stehen kurz vor dem Durchbruch. Nicht nachlassen. Erheben Sie die Dogmen des Delphins zur Lebensmaxime.
>
> 44 und mehr Punkte: Gratulation! Sie sind ein Delphin-Manager. Ihr Unternehmen wird ebenso wie Ihre Familie davon profitieren. Nun ist es Ihre Aufgabe, die Mitarbeiter entsprechend zu fördern und den Durchbruch zu schaffen.
>
> Dieser Test ist nur eine Standortbestimmung und stellt keinen Anspruch auf wissenschaftliche Gültigkeit.

Obwohl die Durchbruchstrategie anfangs mehr Zeit und Energie benötigt, ist diese Methode bei weitem die wirksamste und verfügbarste Strategie für die Schaffung und Durchführung neuartiger, innovativer, machtvoller und langfristiger Lösungen und spart auf Dauer gesehen Kräfte.

18 Der Beginn einer Welle

Vermutlich kennen Sie die Geschichte, liebe Leser, von der abenteuerlichen Wandlung des Lebens von Amadeo Cacciavillani aus dem Städtchen Finimondo, ziemlich weit südöstlich von Florenz. Ich möchte sie trotzdem erzählen. Zum einen, weil ich diese Geschichte einem Mann verdanke, der in meinem Leben vieles drastisch verändert hat und dem ich meine große Gelassenheit und Risikobereitschaft verdanke, die viele meiner Freunde hier und da in höchste Verzweiflung und Ratlosigkeit gestürzt hat. Zum anderen, weil diese Geschichte zu den überraschendsten Gelegenheiten in vielen Gestalten wieder zu mir zurückgekehrt ist.

Der Mensch, dem ich sie verdanke, ist Paul Watzlawick: ein Konstruktivist und ein Mensch grenzenloser Überzeugungskraft. Ich hatte das Glück, Familientherapie und Hypnotherapie bei ihm zu erleben und zu lernen. In seiner Nähe ist meist ein ganzes Feuerwerk von Lichtern über mir, meinem Leben und meinen „Wahrheiten" aufgegangen. Die meisten von Ihnen werden ihn kennen durch seine populären Bücher wie z. B. „Anleitung zum Unglücklichsein" oder „Vom Guten des Bösen".

Signore Cacciavillani, von dem ich erzählen möchte, ist eine Alltagsfigur wie du und ich. Er verkörpert in Reinkultur das, was ich in dem vorherigen Kapitel als Hai oder Nullsummenspieler charakterisiert habe.

> „In früheren Zeiten konnte einer ruhig vor seinem Teller sitzen und sich's schmecken lassen, ohne sich darum zu kümmern, daß der Teller seines Nachbarn leer war. Das geht jetzt nicht mehr, außer bei den geistig völlig Blinden. Allen übrigen wird der leere Teller des Nachbarn den Appetit verderben."
>
> Marie von Ebner-Eschenbach

Wie Sie sich erinnern, gibt es für Nullsummenspieler nur zwei Möglichkeiten, das Leben zu gestalten: gewinnen oder verlieren; eine dritte Lösung existiert für sie nicht.

Diese Alltagsphilosophie, die seit Menschengedenken in Militärakademien, Schulen, Sportwettbewerben und ähnlichen Anstalten gelehrt wird, dient in der Regel auch heute noch der Ausbildung und Vorbereitung junger Menschen auf die zukünftigen „Erfolge" in unserer Gesellschaft. Mit dem Auftauchen des Hyperwettbewerbs scheint sich diese Tendenz eher noch verschärft zu haben.

Bei Cacciavillani war nun das Nullsummendenken in reinster Form vorhanden, und er lebte ausschließlich fürs Gewinnen in jeder Hinsicht, begleitet von der ununterbrochenen Angst vor dem Verlieren. Also letzthin eine zwar recht einfache und konforme Art, sein Leben zu gestalten, aber gleichzeitig unbequem und stressig. Denn wer ständig alle Organe des Körpers auf höchste Alarmbereitschaft ausrichten muß, der wird vermutlich auch seines Lebens nicht froh, zumindest aber unter permanenter nervlicher Anspannung stehen. Cacciavillani neigte nun auch noch dazu, sich am Mißgeschick anderer zu erfreuen, und war blind zu erkennen, daß seine permanente Angriffs- und Verteidigungshaltung weitgehend die Situationen generierte, gegen die er glaubte, sich wappnen zu müssen. Was ihm wiederum als Beleg diente, daß seine Vorsicht berechtigt und das Leben ein dauernder Kampf ums Überleben und die eigenen Vorteile sei. Die Faszination des Nullsummenspiels liegt ja, wie Sie schon einige Seiten vorher erkannt haben, für viele darin, daß das Spiel die verderblichen Regeln den Mitmenschen quasi unausweichlich aufzwingt, unabhängig davon, ob sie die Qualität von Nullsummenspielen erkannt haben oder nicht.

„In friedlichen Zeiten findet der Krieg in der Wirtschaft statt."

Richard A. D'Aveni,
Erfinder des Hyperwettbewerbs

Soweit die Ausgangslage, ich möchte nun im Originalton Watzlawicks weitererzählen:

Der Beginn einer Welle

Vor etwa eineinhalb Jahren, an einem trüben Wintermorgen, stellte Sig. Cacciavillani seinen Wagen in einer Seitenstraße ziemlich weit von seinem Büro ab.

„Zu viele haben Großzügigkeit mit Almosen vertauscht."

Albert Camus

Nachdem er an die 200 Meter zu Fuß gegangen war, hörte er hinter sich rasche Schritte und dann die Stimme eines Unbekannten: „Sie haben Ihre Wagenlichter angelassen." Und dann hatte der Fremde schon wieder kehrtgemacht und war eilig weggegangen.

Cacciavillanis erste Reaktion war – natürlich – die Frage: „Wie will mich der hineinlegen? Was hat der vor?" Aber der andere schien kein Interesse an ihm zu haben und war schon zwischen den zur Arbeit hastenden Menschen verschwunden. Cacciavillani stand ratlos da, oder genauer gesagt, es war ihm zumute wie vielleicht einem großen Forscher, der im Teleskop, Mikroskop oder Reagenzglas eben etwas entdeckt hat, das der bisherigen wissenschaftlichen Auffassung glatt widerspricht. „Was hat dieser Mensch bloß davon, mir, einem völlig Unbekannten, nachzurennen und mir zu sagen, daß ich die Wagenlichter nicht gelöscht habe?" Und gleich darauf erinnerte er sich, wie er gelegentlich geparkte Autos mit versehentlich angelassenen Lichtern gesehen hatte und wie der Gedanke an den Ärger des Besitzers, der spät abends mit leerer Batterie dastehen würde, einen Funken Schadenfreude in sein sonst so freudloses Dasein gebracht hatte.

Was Cacciavillani zu diesem Zeitpunkt nun noch nicht wußte, war, daß die Anständigkeit jenes Unbekannten ihm die Regeln eines ganz anderen Spieles aufgezwungen hatte. Als er aber nachdenklich zum Wagen zurückging, um die Lichter zu löschen, hatte er ein undeutliches Gefühl der Verpflichtung, das ihm völlig neu war – ein Gefühl der Verpflichtung gegenüber irgendeinem anderen Menschen in ähnlicher Lage.

Vorläufig blieb es latent.

Der Beginn einer Welle

> „Laßt uns Menschen werden, damit wir wieder Bürger, damit wir wieder Staaten werden können."
>
> Heinrich Pestalozzi

Das wirklich entscheidende Ereignis trat erst Monate später ein. Da fand er eine recht gefüllte Brieftasche und rieb sich die Hände vor Freude über diesen unerhofften Gewinn.

Und ausgerechnet da mußte er an den Unbekannten denken, der ihm nachgelaufen war, und auf einmal ging's nicht. Er saß da, starrte auf das Geld, auf die Carta d'identità des Verlierers, auf ein paar armselige Fotos – und da raffte er alles zusammen, stieg in seinen Wagen und fuhr hin, auf die andere Seite von Finimondo.

Der Mann lebte in einem schäbigen Haus, allein, und wollte zunächst seinem Glück nicht trauen, als Cacciavillani ihm die Brieftasche hinlegte, kurz erklärte, wo er sie gefunden hatte, und dann zu seiner eigenen größeren Überraschung auch noch Vergnügen daran fand, die Annahme des Finderlohns zu verweigern, den der andere ihm (ohne große Begeisterung) zahlen wollte.

Nun traf es sich, daß der Verlierer selbst ein Nullsummenspieler war. „Phantastisch", sagte er sich, als Cacciavillani abgefahren war, „ich hätte nie gedacht, daß ich meine Brieftasche in ein paar Stunden wieder haben würde. Aber, ehrlich gesagt, so blöd müßte ich einmal sein und gefundenes Geld zurückgeben ..."

Hierin irrte er, denn ohne es zu wissen, hatte Cacciavillani ihm nun seinerseits die Regeln jenes merkwürdigen Spiels aufgezwungen, und als sich das nächste Mal in seinem Leben eine vergleichbare Situation ergab, war auch er „so blöd".

Was ist nun die Moral dieser Geschichte?

Der Unbekannte hatte anscheinend durch seine „gute Tat" eine wahre Kettenreaktion ausgelöst, da in der Regel solche Wellenbewegungen eben nicht bei einem Menschen haltmachen, sondern – sicher begleitet durch viele Rückfälle hier und da – sich weiter fortbewegen und, man glaubt es als Nullsummenspieler kaum, sogar nach einiger Zeit anfangen, Spaß zu machen.

Denken wir an die vielen kleinen und großen Cacciavillanis in den Führungsetagen der Wirtschaft, wo ich gelegentlich höre und wahrnehme, daß Lob, Hilfsbereitschaft und Nächstenliebe allenfalls auf hochglanzpolierten Imagebroschüren mit Unternehmensleitlinien auftauchen. Dann wird ein Weg klar und deutlich:

Einer muß anfangen, die Welle zu starten und das Spiel zu spielen.

19 Die Art, das Problem zu sehen, ist das Problem!

In meinen Seminaren habe ich unzählige Führungskräfte kennengelernt, die sich in zwei eindeutige Kategorien einordnen lassen: diejenigen, die daran festhalten, daß alles möglich ist, und diejenigen, die daran zweifeln.

Was sehen Sie? Wenn Sie lediglich einen auf dem Boden liegenden Teppich sehen, sollten Sie vielleicht darüber reflektieren, daß die Welt nur das Ergebnis Ihrer Betrachtungsweise ist – und somit jederzeit verändert werden kann.

Wie, daran glauben Sie nicht! Dann hören Sie sich doch einmal die Geschichte an, die Stephen Covey in seinem Buch „Die sieben Wege zur Effektivität" beschreibt:

> Zwei der Ausbildungsschwadron zugeteilte Kriegsschiffe übten seit Tagen bei schwerem Wetter Manöver. Ich fuhr auf dem Leitschiff und hatte gegen Abend Dienst auf der Brücke. Nebelschwaden erschwerten die Sicht, also blieb auch der Kapitän oben und überwachte alles.
>
> Kurz nach Anbruch der Dunkelheit meldete der Ausguck: „Licht Steuerbord voraus!"
>
> „Bleibt es stehen, oder bewegt es sich achteraus?"
>
> Der Ausguck antwortet: „Es bleibt, Kapitän." Das hieß, daß wir uns auf einem gefährlichen Kollisionskurs mit dem anderen Schiff befanden.
>
> Da rief der Kapitän dem Signalgast zu: „Schicken Sie dem Schiff ein Signal: Wir sind auf Kollisionskurs, empfehlen 20 Grad Kursänderung."

Zurück kam das Signal: „Empfehlen Ihnen, den Kurs um 20 Grad zu ändern."

Der Kapitän sagte: „Melden Sie: Ich bin ein Kapitän, Kurs um 20 Grad ändern."

„Ich bin ein Unteroffizier", lautete die Antwort. „Sie sollten Ihren Kurs besser um 20 Grad ändern."

Inzwischen war der Kapitän ziemlich wütend. Er schimpfte: „Signalisieren Sie, daß ich ein Kriegsschiff bin. Er soll den Kurs um 20 Grad ändern."

Prompt wurde eine Antwort zurückgeblinkt: „Ich bin ein Leuchtturm."

Wir änderten den Kurs.

Diese Information, „ich bin ein Leuchtturm", änderte die Sichtweise des Kapitäns. Er war plötzlich ganz offen und fähig, die Dinge in einem anderen Licht zu sehen.

Ich möchte mit meinem Buch ebenfalls dazu beitragen, Ihre Wahrnehmung etwas zu verändern, damit Sie für die Möglichkeit offen sind, daß die aktuelle Situation vielleicht nicht so ist, wie sie auf den ersten Blick scheint.

20 Oh wie trügerisch ...

Das menschliche Verhalten wird in zentralen Punkten durch die Wahrnehmung bestimmt. Somit ist sie auch die Grundlage für all die komplexen und in ihrer Auswirkung teilweise katastrophalen zwischenmenschlichen Beziehungen.

Daß ein Mensch sich so verhält und ein anderer anders, hängt zu großen Teilen davon ab, wie er die ihn umgebende Welt wahrnimmt und dann mit diesen Wahrnehmungen umgeht.

Einen nicht unwesentlichen Teil seines Lebens verbringt der Mensch mit der Frage, wie die Welt und die anderen Menschen wirklich sind.

Wahrnehmung ist dabei eine Sammelbezeichnung für die Aktivität der verschiedenen „Sinne", von denen in der Psychologie der optische Sinn lange Zeit am eingehendsten untersucht wurde. Dies bedeutet aber nicht zwingend, daß andere Wahrnehmungsbereiche wie Hören, Fühlen oder Riechen für das Verhalten der Menschen weniger wichtig wären. Gerade die ca. zehn Jahre alte – in den Bereichen Training und Weiterbildung sensationell euphorisch aufgenommene – NLP-Welle zeigt das aktuelle Bedürfnis des Menschen auf, Hintergründe seiner Wahrnehmung auch jenseits des Sehens zu erfahren.

Vera Birkenbihl spricht in diesem Zusammenhang meist von Wahrnehmen im Sinne von „ich behaupte nicht, daß etwas wahr ist, sondern nehme es nur zum Zwecke der Kommunikation als wahr an". Also eher ein „Für-Wahr-nehmen".

Liebe Mutter, lieber Papa,

seit ich von zu Hause fort und im College bin, war ich, was das Briefeschreiben angeht, sehr säumig. Es tut mir leid, daß ich so unachtsam war und nicht schon vorher geschrieben habe. Ich will Euch also jetzt auf den neuesten Stand bringen, aber bevor Ihr anfangt zu lesen, nehmt Euch bitte einen Stuhl. Ihr lest nicht weiter, bevor Ihr Euch nicht gesetzt habt, einverstanden?

Also, es geht mir inzwischen wieder einigermaßen. Der Schädelbruch und die Gehirnerschütterung, die ich mir zugezogen habe, als ich aus dem Fenster des Wohnheims gesprungen bin, nachdem dort kurz nach meiner Ankunft ein Feuer ausgebrochen war, sind ziemlich ausgeheilt. Ich war nur zwei Wochen im Krankenhaus und kann schon fast wieder normal sehen und habe nur noch einmal am Tag diese schlimmen Kopfschmerzen. Glücklicherweise hat der Tankwart einer Tankstelle das Feuer im Wohnheim und meinen Sprung aus dem Fenster gesehen und die Feuerwehr und den Krankenwagen gerufen. Er hat mich auch im Krankenhaus besucht, und da das Wohnheim ausgebrannt war und ich nicht wußte, wo ich unterkommen soll, hat er mir netterweise angeboten, bei ihm zu wohnen. Eigentlich ist es nur ein Zimmer im Tiefparterre, aber es ist doch recht gemütlich. Er ist ein sehr netter Junge, und wir lieben uns sehr und haben vor zu heiraten. Wir wissen noch nicht genau wann, aber es soll noch sein, bevor man sieht, daß ich schwanger bin.

Ja, Mama und Papa, ich bin schwanger. Ich weiß, wie sehr Ihr Euch freut, bald Großeltern zu sein, und ich weiß, Ihr werdet das Baby gern haben und ihm die gleiche Liebe, Zuneigung und Fürsorge zukommen lassen, die Ihr mir als Kind gegeben habt. Der Grund, warum wir nicht sofort heiraten, ist, daß mein Freund eine leichte Infektion hat, aufgrund der es nicht möglich ist, daß wir unsere vorehelichen Blutuntersuchungen machen lassen. Und ich war etwas unachtsam und habe es von ihm bekommen. Ich weiß, Ihr werdet ihn mit offenen Armen in unsere Familie aufnehmen. Er ist nett und ehrgeizig, wenn schulisch auch nicht besonders gut ausgebildet. Auch wenn er eine andere Hautfarbe und Religion als wir hat, wird Euch das bei Eurer oft gezeigten Großmut sicher nicht stören.

Jetzt, da ich Euch das Neueste mitgeteilt habe, möchte ich Euch sagen, daß es im Wohnheim nicht gebrannt hat, ich keine Gehirnerschütterung oder einen Schädelbruch hatte, ich nicht im Krankenhaus war, nicht schwanger bin, nicht verlobt bin, mich auch nicht angesteckt habe und es auch keinen Freund gibt. Allerdings bekomme ich eine „Vier" in amerikanischer Geschichte und eine „Fünf" in Chemie, und ich möchte, daß Ihr diese Noten in der richtigen Relation seht.

Eure Tochter
Sharon

„Wahrnehmungskontraste als Mittel der Manipulation",
aus Robert B. Cialdini: „Die Psychologie des Überzeugens", Seite 7

> „Nicht die Welt als solche ist schlecht, sondern nur die Art und Weise, wie man sie betrachtet."
>
> Seneca

Damit soll ausgedrückt werden, daß die Wahrnehmung gerade im zwischenmenschlichen Bereich keineswegs eine so fotografische und objektive Registrierung der Wahrnehmungsgegenstände ist, wie meist angenommen wird. Unsere Sinne können uns täuschen. Meist sind sie erheblichen Störungen und Fehlern unterworfen, die allerdings wiederum bestimmten Ordnungsprinzipien gehorchen.

Der Versuch einer Ordnung dieser Gesetzmäßigkeiten (Antons 1975) siedelt sie in drei ineinandergreifende Bereiche an:

1. den neurologisch-physiologischen Bereich

2. den individualpsychologischen Bereich

3. den sozialpsychologischen Bereich

Besonders die beiden letztgenannten Bereiche sind hier von Bedeutung, wobei der erste gerade auf zwei Jahrzehnte der explosionsartigen Theorienbildung über die Funktion unseres Gehirns und die Auswirkungen auf Wahrnehmung und Verhalten zurückblicken kann. Erwähnt seien hier beispielhaft nur die Split-Brain-Theorie Roger Sperrys über die unterschiedlichen Gehirnhälften, die Triune-Brain-Theorie McLeans, die Holographiemodelle Karl Pribrams oder die Multi-Mind-Modelle des Pioniers Robert Ornstein. (Näheres in meinem Buch „Bessere Lernmethoden", München 1994.)

Als einen Zugang zur Bewußtseinsänderung für zukunftsorientierte Führungskräfte ist es zwingend notwendig, sich mit diesem Thema auseinanderzusetzen, da in jedem gruppendynamischen Feld, speziell in den eher unstrukturierten Situationen, häufig schon nach kurzer Zeit ein Problem des Einander-nicht-Verstehens, des Erstaunens, der Entrüstung und Frustration über die Andersartigkeit des anderen, über seine von meiner verschiedenen Wahrnehmung auftritt.

Die Bearbeitung dieser wahrnehmungsspezifischen Problemsituationen ist häufig nicht ganz einfach. Erklärbarer Widerstand, sich *seine Wahrnehmung*, und – oft damit verbunden – *sein Weltbild* nicht verändern oder sogar „zerstören" zu lassen, führt zu handlungsbedürftigen Reaktionen seitens der Betroffenen.

Eine Demonstration der Bedingtheit unserer Wahrnehmung ist meist hilfreich. Ich möchte Sie dazu zu einem kleinen Beispiel aus der Zaubertüte der Wahrnehmung einladen:

Schritt 1: Ballen Sie Ihre linke Hand zur Faust und strecken Sie bitte den Daumen nach oben und halten Sie Ihren Arm ausgestreckt vor Ihrem Gesicht. Schauen Sie sich den Daumen genau an, denn gleich wird er dreimal vor Ihren Augen verschwinden.

Schritt 2: Schauen Sie jetzt immer noch in Richtung Ihres Daumens. Schließen Sie jetzt bitte Ihre Augen ein paar Sekunden lang.
Fazit: Ihr Daumen war verschwunden.

Schritt 3: Schließen Sie jetzt Ihre Augen, sehen Sie aber immer noch in Richtung Ihres Daumens. Jetzt „verstecken" Sie Ihre linke Hand hinter Ihrem Kopf. Nun öffnen Sie erneut Ihre Augen.
Fazit: Ihr Daumen ist ebenfalls verschwunden.

Schritt 4: Jetzt wird es ernst! Nehmen Sie Ihre Ausgangsstellung wieder ein. Kippen Sie nun Ihre Augäpfel nach oben, ohne den Kopf zu bewegen, bis Sie auf die Decke sehen. Sehen Sie nun Ihren Daumen noch oder ist er bereits zum dritten Mal verschwunden? Schließen Sie jetzt Ihre Augen, und drehen Sie Ihren Kopf langsam so weit nach rechts, wie es geht. Jetzt öffnen Sie Ihre Augen.

Fazit: Ihr Daumen ist nun endgültig zum dritten Mal verschwunden.

Was sagen Sie dazu? Wie – Sie sind nicht beeindruckt? Sie sagen, Ihr Daumen sei nie *wirklich* verschwunden gewesen? Sie behaupten, das war überhaupt kein Kunststück, weil Sie immer wußten, wo Ihr Daumen war? Aber wußten Sie dies wirklich? *Wie* wußten Sie denn, daß Ihr Daumen nicht verschwunden war, als Sie nicht mehr sehen konnten, was sich abspielte, als Sie Ihre Augen bewegten und nicht die Hand oder die Hand und nicht die Augen? Wie können Sie den Unterschied feststellen zwischen dem, was Sie *sahen*, und dem, was sich *wirklich* abspielte?

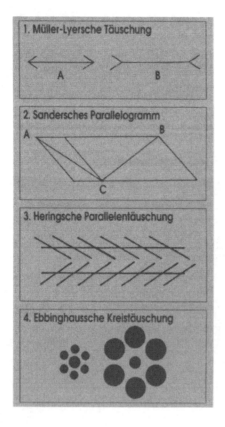

Scheinbar objektive Sachverhalte, deren unterschiedliche Auslegung Anlaß zur Reflexion, zur Überprüfung der eigenen Standpunkte und zu einem vorsichtigeren Umgehen miteinander führen können, sind also geeignet, vorschnelles Urteilen zu unterbinden und die Problematik der Wahrnehmung zu beleuchten.

Dazu sind in der Praxis zündende Konfrontationen in vielen Fällen erfolgreicher als die aufwendige Analyse sozialer Sachverhalte, bei denen die Gültigkeit verschiedener Interpretationen schlecht nachzuprüfen ist.

Im Training und in der Weiterbildung haben sich zur

Bewußtmachung dieses Sachverhaltes optische Täuschungen (siehe Kasten) trotz ihrer hohen Bekanntheit immer noch bewährt.

Die Wahrnehmungstäuschungen überraschen uns gerade deswegen, weil unser Wahrnehmungssystem gewöhnlich so verläßlich ist. Im Alltag verlassen wir uns darauf, daß die Informationen, die unser Wahrnehmungsapparat zur Verfügung stellt, für die tägliche Orientierung genügend ausgefeilt und nutzbar sind. Da die Wahrnehmung gerade so gut, so mühelos und so „unbewußt" funktioniert – wie wir meinen –, lohnt es sich manchmal, das System durch optische Täuschungen zu stören, um die Komplexität der physiologischen und psychologischen Prozesse und deren alltäglichen Konsequenzen für unser Handeln und unseren Erfolg bewußt zu machen.

Nach der Ära der plakativen geometrisch-optischen Täuschungen (Sandersches Parallelogramm, Heringsche Parallelentäuschung etc.) folgten in der Weiterbildungsszene die Kippfiguren (Neckersche Würfel, Rubinsches Pokalbild etc.) und darauf die photospezifischen Umkehrungen (Mund-Augen-Porträt etc.).

Eine interessante und für viele geradezu verblüffende Ergänzung bietet seit eini-

Oh wie trügerisch ...

gen Monaten die Computergraphik, und es ist davon auszugehen, daß auch diese optischen Möglichkeiten in unterschiedlichen Lernsituationen erfolgreich und mit viel Freude eingesetzt werden. Vermutlich werden diese interessanten Sehherausforderungen auch Ihr Interesse gefunden haben.

Holusion-3D-Prints sind hochwertige dreidimensionale Kunstdrucke, die mittels Computerlithographie hergestellt wurden. Die amerikanische Werbung spricht von einem der faszinierendsten und revolutionärsten Produkte auf dem Gebiet der Computertechnologie der 90er Jahre.

In der Tat sind diese Computerbilder beeindruckend. In der Regel vermitteln sie dem Betrachter zunächst nur den Eindruck eines schönen und interessanten Farbmusters ohne erkennbares Motiv.

Sobald der Betrachter sich jedoch genauer auf das Bild konzentriert und es ihm gelingt, die hektische Alltagswelt abzuschütteln, sich zu entspannen und loszulassen, eröffnet sich nach kurzer Zeit ein Fenster zu einer faszinierenden, dreidimensionalen Betrachtungswelt.

Dieser meist spontane Wandel von einer eher linearen, oberflächlichen Betrachtung und Suche nach einem erkennbaren Muster, zu einer nicht vorstellbaren Tiefe und Ganzheitlichkeit des Erkenntnisprozesses, ist in der Regel von einem tiefen Gefühl der Entspannung und Loslösung begleitet.

Unsere ersten Experimente haben gezeigt, daß Menschen, die Erfahrungen im Steuern von Gehirnaktivitätsmustern haben, also autogenes Training beherrschen, und die öfter Meditationen oder Traumreisen durchführen (oft Frauen), relativ problemlos innerhalb weniger Minuten Zugang zu dieser eindrucksvollen Wahrnehmungswelt bekommen.

Einige Zeit länger brauchten hingegen Menschen, die zu einer eher rationalen Weltsicht (oft Männer) neigten und auch schon vorher mit Loslassen, Abschalten und bildhaftem Vorstellen Probleme hatten.

Auf dem Hintergrund der Split-Brain-Theorie kann man sicher davon sprechen, daß diese Form der Wahrnehmungsübung die Dominanz der linken Gehirnhälfte sichtbar macht und auf eine tatsächlich beeindruckende Art und Weise auch ungeübten Menschen aufzeigen kann, welche Veränderungen eine ganzheitliche Sicht der Dinge mit sich bringen kann.

Von uns vorgenommene Aufzeichnungen von Menschen im entscheidenden Moment, in dem das Bild sich öffnet und nicht geahnte Hintergründe, Tiefe und Form offenbart, sind eindeutig in der Kategorie Ganzheitlichkeit einzuordnen. So war zu beobachten, daß

- sich die Härte der Mustersuche in eine gelöste Entspannung der Gesichtsmuskulatur umwandelte,
- sich bei vielen Betrachtern während des Erkenntnisprozesses Freude und Erstaunen ausdrückte,
- dieser Augenblick meistens mit spontaner Veränderung des gesamten Muskeltonus des Körpers in Richtung Entspannung und Loslösung begleitet war,
- alle ihren Kick mit Worten wie „Wow", „Das ist ja irre, unglaublich" oder „Spitzenklasse" begleiteten.

Einige sprachen gar von „visuellem Orgasmus" oder im Überschwang von einem nahezu spirituellen Glückserlebnis.

Hier wird deutlich, daß, ähnlich wie die Reaktionsmuster in klassischen Entspannungsprozessen, auch dieses einfache Wahrnehmungserlebnis auf mehreren Ebenen mithilft, Erfahrungen neu zu positionieren.

Die in solchen Situationen meist erhöhte Veränderungsenergie kann durch bestimmte Trainingsstrategien für klassische Veränderungsarbeit erfolgreich genutzt werden.

Neben dem Einsatz in der Weiterbildungs- und Trainingsarbeit eignen sich diese 3-D-Prints hervorragend als Neugierwecker in Vorträgen, Wartezimmern, Messeständen und an anderen Plätzen, wo Sie Menschen faszinieren möchten oder Menschengruppen anziehen wollen.

In den USA haben Versuche auf Messeständen gezeigt, daß die Mund-zu-Mund-Propaganda innerhalb kürzester Zeit wahre Menschentrauben angezogen hatte, die bekanntlich sehr schnell die Aufmerksamkeit weiterer Menschen erregen.

Auch in Büroräumen dürfte der Einsatz von Holusionen wünschenswert sein, da die Gestaltpsychologie ebenso wie neuere gehirnpsychologische Untersuchungen aufzeigen, daß der häufigere „Blickwinkelwechsel" doch erheblichen Einfluß auf die Flexibilität unseres Denkens und unsere Wahrnehmungsgewohnheiten hat.

Damit könnte letztlich also ein Beitrag zum ganzheitlichen Management geleistet werden, dazu, auch auf höheren Führungsetagen „beiläufig" einen Paradigmenwechsel zu initiieren. Dies wäre allerdings nur ein Anfang: Bekanntlich sinkt ja mit der Höhe der Hierarchiestufe die Bereitschaft – und wahrscheinlich im Laufe der Zeit auch die Fähigkeit! –, die eigenen Denk- und Wahrnehmungsmuster in Frage zu stellen.

21 Eigensinn und Störung

Auf diesem Hintergrund wird neben der ermutigenden Perspektive, die eigene Handlungskompetenz durch Wahrnehmungsveränderung zu stärken, ebenso begründbar, warum scheinbar störende und eigensinnige Verhaltensweisen gerade von Frauen in der Männerwelt trotz „vernünftiger" Argumentation nicht genügend Aufmerksamkeit entgegengebracht wird und diese in guter Wahrnehmungstradition ausgeblendet werden. Betrachten wir gerade die Eigensinnigkeit einiger „störender" Frauen als Chance, so stellt dieser Paradigmenwechsel vermutlich die Schwelle zu einem neuen zukunftsorientierten Weltbild dar, das wir dringend brauchen. Betrachten wir aber diese vermeintliche Störung einmal etwas ausführlicher.

„Denn wir können die Kinder
nach unserem Sinne nicht formen;
so wie Gott sie uns gab,
so muß man sie haben und lieben,
sie erziehen aufs Beste,
und jeglichen lassen gewähren.
Denn der eine hat die,
die anderen andere Gaben.
Jeder braucht sie,
und jeder ist doch nur auf eigene
Weise gut und glücklich."

J. W. von Goethe

„Störende", „unerwünschte" oder „eigensinnige" Verhaltensweisen haben schon immer, egal ob in der Schule, der Familie oder in anderen gesellschaftlichen Institutionen, entsprechende Reaktionen und Konflikte hervorgerufen. Betrachten wir den Begriff Eigensinn etwas näher, so wird deutlich, daß er bis ins 18. Jahrhundert hinein im Sinne von „eigen Sinn und stolzer Mut" verstanden wurde und ausschließlich auf selbständig denkende Menschen angewendet wurde (Voß 1989). Die Betrachtung von Eigensinn als jene Triebkraft in uns Menschen, die es mit allen Mitteln zu brechen gilt, scheint erst seit ca. 200 Jahren eine Kennzeichnung des sklerotischen Einflusses der Industriegesellschaft zu sein und wurzelt in den unseligen Paradigmen von Medizin und Pädagogik. Gerade die Schule als Institution der Formung und Ausgestaltung des Menschen zur Brauchbarkeit im Erwachsenenumfeld zielt in ihren Konzepten darauf hin, den Eigensinn in jedem Menschen zu brechen oder zu unterdrücken und somit willfährige Opfer für die Ziele und Perspektiven einer auf Disziplin, Anpassung und Abrichtung ausgerichteten Gesellschaft zu schaffen.

Unsere Gesellschaft ist besessen von Messen und Quantifizieren statt echtem Verstehen. Der eigensinnige Mensch in der Unvorhersagbarkeit seiner Denk- und Verhaltensweisen ist dafür denkbar ungeeignet und muß zugunsten prognostizierbarer, stromlinienförmiger Anpassung geopfert werden. Und dies ist in allen Lebensbereichen beobachtbar. Sogar beim Essen.

22 Die McDonaldisierung der Gesellschaft

Die Soziologen: „Gewohnheitsmäßiger Gebrauch McDonaldisierter Systeme gefährdet Ihre körperliche und seelische Gesundheit sowie die Gesamtgesellschaft." So könnte, ähnlich der gesundheitsbewußten Aufdrucke auf Zigarettenpackungen, bald jeder Hamburger gekennzeichnet sein. Dies meint jedenfalls der amerikanische Soziologe George Ritzer in seiner Studie über gesellschaftliche Phänomene der Gleichschaltung. Die McDonaldisierung der Gesellschaft nennt er jenen Vorgang, durch den die Prinzipien der Fast-Food-Restaurants immer mehr Gesellschaftsbereiche beherrschen. Ritzer versucht dabei, diesem Phänomen bis in die feinsten Verästelungen nachzugehen und beschreibt die vier ehernen Prinzipien des McDonald's-Begründers Ray Kroc:

1. *Effizienz* – die schnellste Form der Sättigung,

2. *Quantifizierbarkeit* – „Big Mac" verspricht mehr Essen fürs Geld

3. *Vorhersagbarkeit* – keine Qualitätsschwankungen,

4. *Kontrolle* – standardisierte Menues und Abläufe.

Ritzer warnt: „Mit der Durchdringung immer größerer Bereiche unserer Gesellschaft durch die Fast-Food-Prinzipien schleichen sich die bereits von Max Weber beschriebenen Probleme des „eisernen Käfigs" der Rationalität ein: unmenschlich, emotionslos und entmenschlichend. Die Gesellschaft wird zu einem nahtlosen Geflecht rationaler Institutionen, ohne Spontaneität und Würde, eine Welt ohne Überraschungen.

23 Die Paradoxie rationaler Systeme

Ich behaupte, daß rationale Systeme oft unvernünftig sind – im Sinne von Vernunft als Wahrnehmung des nächsthöheren Ganzen. So dürfte es mittlerweile kein Geheimnis mehr sein, daß das scheinbar so rationale und effiziente System der „just in time"-Produktion aus einer ganzheitlichen Perspektive betrachtet sich als eher ineffizient herausstellt. Es verlangt, daß Teile mehrfach täglich angeliefert werden müssen, weil die Lagerhaltung auf die Straße verlagert wurde. Das führt zu Verstopfungen von Straßen und Autobahnen und hat zur Folge, daß die Menschen zu spät zur Arbeit kommen, die Zahl der Verkehrstoten ansteigt, die Luft verschmutzt wird und vieles mehr – von den Kosten und Gefährdungen durch die Schädigungen des Ozonmantels ganz zu schweigen.

Jeder Heiligabend ist Zeitpunkt derselben Prozedur: Gepeinigt durch die fordernden, manchmal fast mitleidigen Blicke ihrer Kleinen versuchen Heerscharen von Familienvätern mühevoll, die in fast atomisierter Form vorliegenden Spielzeuggeschenke zu Lastwagen, Burgen oder Piratenschiffen zusammenzubauen. Irgendwann in den frühen Morgenstunden, die Kinder sind längst entttäuscht im Bett, stellen diese Väter schließlich fest, daß Batterien fehlen, wichtige Plastiknasen abgebrochen oder mehrere Einzelteile unauffindbar sind. In ihrer Übermüdung und Frustration tauchen dann vor ihrem geistigen Auge Bilder früherer Weihnachtstage auf, zu denen noch die ganze Familie entspannt plaudernd zusammensaß und sich die Gespräche nicht auf Äußerungen wie „Wo ist die Zange?", „Wer hat den Klebstoff?" oder „Kannst du mal halten?" reduzierte.

Die scheinbare Effizienz der Herstellung erweist sich bei den Kunden als höchst ineffektiv.

Ähnliches können Sie bei der Anlieferung von Klein- und Gartenmöbeln und demnächst vermutlich auch bei Fernsehern, Computern und Haushaltsgeräten beobachten.

Der amerikanische Kolumnist Richard Cohen beschäftigte sich mit der Ineffizienz der scheinbar so effizienten Bankautomaten und schrieb: „O Gott, bei jedem Fortschritt des Computerzeitalters erzählt man mir, es werde mir nützen. Aber mit jedem Nutzen muß ich mich anstrengen und mehr arbeiten. Da ist zum Beispiel die Bankautomaten-Lebensregel. Mir wurde erzählt – nein, sogar versprochen –, ich könne die Warteschlangen in der Bank vermeiden und zu jeder Tageszeit Einzahlungen oder Abhebungen tätigen. Jetzt stehen die Schlangen vor den Automaten, die Bank kassiert anscheinend einen gewissen Prozentsatz von jeder Einzahlung oder Abhebung, und natürlich tue ich das, was früher Aufgabe der Kassierer war."

Cohen weist hier auf mindestens drei irrationale Dinge hin: 1) Rationale Systeme sind nicht weniger kostspielig. 2) Sie zwingen uns zur Verrichtung einer Reihe von unbezahlter Arbeiten. 3) In Wirklichkeit ist das rationale System oft nicht der effizienteste Weg

---

„Jenes Paradigma, das heute schwindet, hat unsere Kultur über mehrere Jahrhunderte beherrscht, währenddessen unsere moderne westliche Gesellschaft gestaltet und die übrige Welt nachhaltig beeinflußt. Dieses Paradigma besteht aus einer Reihe von tief verwurzelten Vorstellungen und Werten, zu denen etwa das Bild des Universums als ein mechanistisches System gehört, das aus elementaren Bausteinen zusammengesetzt ist. Dazu gehören auch die Vorstellungen vom menschlichen Körper als einer Maschine, die Ansicht vom Leben in der Gesellschaft als einem Konkurrenzkampf ums Dasein, die Überzeugung, der unbegrenzte materielle Fortschritt ließe sich durch ökonomisches und technisches Wachstum herbeiführen, und – last, not least – der Glaube, daß eine Gesellschaft, in der das Weibliche überall unter dem Primat des Männlichen steht, einem Grundgesetz der Natur folge. All diese Annahmen wurden durch gewisse Ereignisse schwer erschüttert."

Fritjof Capra,
in: „Lebensnetz"

zu einem Ziel, insbesondere nicht aus der Sicht des Kunden. Also muß ich fragen: effizient für wen?

Doch letztlich nur für kurzsichtige und unverantwortliche Manager und Politiker, die vermutlich in spätestens dreißig bis vierzig Jahren zur Kenntnis nehmen müssen, daß die unverantwortliche Reduzierung des Mitarbeiters auf eine kalkulierbare Funktionseinheit eine sträfliche Vernachlässigung der menschlichen Ressourcen zur Folge hatte, die zum Überleben dringend gebraucht werden.

Gerade in einer Zeit atemberaubend schneller Veränderungen und dem Wandel von einer kalkulierbaren Welt der Naturwissenschaften zu einem schwer steuerbaren „Chaos" einer selbstgeschaffenen Komplexität des Alltags benötigen wir neugierige und mutige Mitarbeiter, die sich daran gewöhnen müssen, in einem paradoxen Umfeld zu arbeiten und zu lernen.

24 Die Paradoxie als Schlüssel zur Erkenntnis

Eine Paradoxie ist laut Duden etwas, was dem Geglaubten, dem Gemeinten oder Erwarteten zuwiderläuft – also etwas, was wir dringend brauchen, wenn wir feststellen, daß die bisherigen Lösungsmuster nicht mehr passen.

Wir leben gerade – mehr denn je – in einer solchen Zeit; einer Zeit, die der Physiker Capra schon vor Jahren in seinem Vorwort zu Marylin Fergusons Buch „Die sanfte Verschwörung" als eine tiefgreifende, weltweite kulturelle Krise beschreibt, deren Aspekte jeden Bereich des menschlichen Lebens berühren und für deren Bewältigung er einen radikalen Paradigmenwechsel fordert.

Dieser aufgrund der weltweiten Verknüpfung ökonomischer, technischer, gesellschaftlicher, biologischer und psychologischer Phänomene erforderliche radikale Paradigmenwechsel gilt für alle Lebensbereiche des Menschen, für seine Wahrnehmung und sein Denken, für seine Wertorientierungen, theoretischen Systeme und für seine gesellschaftlichen und sozialen Organisationsformen und kann – ohne Übertreibung – als überlebenswichtig bezeichnet werden.

Müller schreibt dazu in seinem Buch „Wende der Wahrnehmung" von dem Prinzip Überleben, welches seiner Meinung nach zunehmend der Motivationshorizont für alle unsere Unternehmungen werden muß.

Weiteres Beispiel für Geschwindigkeiten: IBM in Austin, Texas, hat in den letzten drei Jahren seinen durchschnittlichen Produktzyklus von siebeneinhalb auf anderthalb Tage und die Entwicklungszeit für Neuprodukte von 24 auf acht Monate reduziert, das Produktsortiment von 19 auf 85 Posten erhöht und gleichzeitig die Belegschaft von 1 100 auf 423 verringert.

Ausgehend von einem revidierten Natur- und Zeitbegriff müssen sich Führungskräfte heute mit einem anderen „Bezugshorizont" auseinandersetzen. Der neue Gedankenrahmen, der in immer kürzerer Zeit immer notwendiger wird, läßt sich als ganzheitlich, ökologisch, systemisch und interdisziplinär bezeichnen. Diese neue Orientierung findet ihre Bezüge in der systemischen Sichtweise und stellt nicht mehr monokausale Eigenschaften, sondern Beziehungen in den Mittelpunkt ihrer Betrachtung und erfordert einen radikalen und kurzzeitigen Bruch mit monodisziplinären Theorie- und Handlungsstrukturen.

Es gibt also keine schlechten Mitarbeiter mehr, sondern nur noch schlechte Mitarbeiter-Führungskraft-Beziehungen.

Gregory Bateson schreibt dazu: „Jedes Ding sollte nicht durch das definiert werden, was es an sich ist, sondern durch seine Zusammenhänge mit anderen Dingen. Ein solches Verständnis sollte man Kindern schon in der Schule beibringen."

Diese Sichtweise und Herausforderung nicht nur zu akzeptieren, sondern auch noch täglich zu leben, erfordert allerdings mehr als bloßes Verstehen.

Doch nicht nur die Rückbesinnung auf „altes" Wissen um Komplexität und Rekursivität bestimmt das „neue" Denken, wie Reinhard Voß in seinem Buch „Das Recht des Kindes auf Eigensinn" schreibt, sondern durchgängig ist auch der Verweis auf die Komplementärgebundenheit menschlichen Seins.

Beispiele, die das Wissen der Menschen um diese Gebundenheit belegen, gibt es viele. So schrieb Laotse (zitiert nach Voß 1989):

„Was Du zusammendrücken willst,
das mußt Du erst richtig sich ausdehnen lassen.
Was Du schwächen willst,
das mußt Du erst richtig stark werden lassen.

Was Du vernichten willst,
das mußt Du erst richtig aufblühen lassen.
Wem Du nehmen willst,
dem mußt Du erst richtig geben."

Alle jene Phänomene wie Ich-Du, Yin-Yang, Mann-Frau, Subjekt-Objekt, Geist-Körper, Stabilität-Wandel, Sein-Werden, die die Einheit in der Dualität des Menschen belegen, wurden in den letzten beiden Jahrhunderten, im besonderen in den Ländern der westlichen Hemisphäre, immer weniger erkannt und gewürdigt. Sätze wie „Hört: Ich beginne mit dem Nichts. Das Nichts ist dasselbe wie die Fülle. In der Unendlichkeit ist voll besser als leer. Das Nichts ist sowohl leer als auch voll." (Jung, 1916) werden von den meisten Menschen der heutigen Zeit als paradox, im Sinne von unsinnig, widersinnig, „der vorherrschenden Lehrmeinung widersprechend" (Duden) empfunden. Dies ist die Konsequenz einer geschichtlichen Entwicklung, in der ein Wissenschaftsverständnis vorherrschend gemacht wurde, das nur in Schwarz-Weiß-, Ja-Nein-, Entweder-Oder-Kategorien zu denken vermochte.

Diesen Gedankenrahmen zu verlassen und sich für eine andere Konstruktion von Wirklichkeit zu öffnen, die das Bewußtsein für jenes alte Wissen von der Polarität in der Einheit möglich macht, ist das Gebot der Stunde.

Mitarbeiter zu befähigen, dem alten Paradigma zuwiderlaufende Kernkompetenzen wie Mut, Risikobereitschaft, Neugier und geistige Flexibilität zu entwickeln und dafür das lernende und stets motivierende Umfeld von Geborgenheit und Orientierung an der veränderten Situation zu schaffen, bekommt damit in der persönlichen wie auch in der Unternehmensstrategie einen neuen Stellenwert.

25 Die Paradoxie in der Weltpolitik

Beobachten wir kritisch die aktuellen Tagesberichte in den Medien, so entdecken wir auch hier den Verlust an Selbstverständlichkeit, Geborgenheit und Orientierung vor dem Hintergrund einer immer komplexer werdenden Welt, von der Jean Marie Guehenno in seinem Werk „Das Ende der Demokratie" geschrieben hat: „Wir stehen am Anfang eines Zeitalters der Komplexität, ohne zu wissen, ob dies einen Fortschritt oder einen Nachteil bedeutet."

Überall taucht sie wieder auf, die bereits zitierte Komplementärgebundenheit menschlichen Daseins.

Einerseits ist vielerorts eine Rückbesinnung auf kleinere Gesamtheiten zu erkennen: auf Regionen, Stämme, Volksgruppen bis hin ins kleinste Glied der Clique und Straßenbande.

Andererseits setzt sich die Herausbildung von Großräumen fort. Die Europäische Union hat 1994 – wie Theo Sommer in „Die Zeit" schreibt – einige große Schritte in Richtung Erweiterung getan und mehrere kleine Schritte in Richtung Vertiefung. Die pazifischen OPEC-Länder haben sich auf den langen Weg zu einer Freihandelszone begeben; das gleiche Ziel steuern seit ihrem Miami-Gipfel die beiden Amerikas an. Auch in den Nachfolgerepubliken der ehemaligen Sowjetunion zeichnet sich ein Trend zu engerer Zusammenarbeit ab – nicht die Reimperialisierung unter der Knute Moskaus, aber die vernünftige Wiederherstellung wichtiger und wirtschaftlicher Kooperations-

---
„Wir sind nicht mehr in der Lage, den wachsenden Regelungs- und Kommunikationsbedarf in den unterschiedlichen Bereichen des täglichen Lebens qualitativ zu bewältigen."

Tom Peters
---

zusammenhänge, Fragmentierungen und Integration sind gleichzeitig zu beobachten.

Die gerade in der Kommunikationstechnologie zu beobachtende Durchlöcherung der Grenzen führt einerseits mit Internet und anderen Systemen zu einem gigantischen Marktplatz. Auf der anderen Seite werden Grenzzäune erhöht und stabilisiert, wie zum Beispiel zwischen den Vereinigten Staaten und Mexiko oder zwischen den europäischen Mittelmeerländern und den islamischen Anrainerstaaten.

Die Aufzählung ließe sich beliebig fortsetzen und zeigt auch in diesem Segment deutlich die Notwendigkeit eines neuen Denkens mit der Fokussierung auf Ganzheitlichkeit im Sinne der Komplementärgebundenheit. Daß der Glaube an die Machbarkeit jeglicher Zukunftsvisionen auf dem Hintergrund des naturwissenschaftlichen Weltbildes alleine bereits brüchig geworden ist, zeigen die (Natur-)Katastrophen aktuellen Datums, welche bei näherem Betrachten eher hausgemacht und als Vorboten unheilvoller Zukunft erscheinen, wenn diese Wandlungsprozesse im Denken und Handeln weiterhin ignoriert werden.

26 Ein Gigant am Boden

Es ist schnell vorbei mit dem bedingungslosen Glauben an die Technik und mit der Verdrängung von Gefahren.

Die Japaner hatten sich längst daran gewöhnt, mit der tödlichen Gefahr zu leben. Ca. 400 000 Mal pro Jahr schlagen die Meßgeräte der japanischen Seismologen aus, um vergleichsweise harmlose Erschütterungen zu messen, die kaum jemand spüren konnte. Ihre Häuser und Städte, nach den neuesten Erkenntnissen der Technik gebaut und gesichert, vermittelten ihnen ein Gefühl von Sicherheit und Überlegenheit. Das Vertrauen in die Vorhersehbarkeit und Berechenbarkeit von Katastrophen auf dem Hintergrund einer Weltmacht der Technik war scheinbar unerschütterlich.

Aber ironischerweise transportierte gerade diese Technik in Form der modernsten Errungenschaften des Informationszeitalters die erschütternde Wirklichkeit, mit schrecklichen Fernsehbildern gezeichnet, über alle Kanäle direkt in jeden Haushalt: das Erdbeben von Kobe mit vermutlich mehr als 5.000 Toten und Hunderttausenden Verletzten und Obdachlosen die schwerste Erdbebenkatastrophe Japans seit dem großen Kanto-Beben am 1. September 1923, bei dem 140 000 Menschen starben.

Schlagartig ist alles anders in Japan, und die Medien berichten von einem kollektiven Verlust des Selbstvertrauens, dessen Folgen nicht abzusehen sind.

Glauben wir den Beobachtern vor Ort, so sind nicht nur die kühnsten Betonkonstruktionen, wie eine Hochautobahn, welche

> „Die Welt, die derzeit im Entstehen ist, ächzt noch unter den Überbleibseln jener Welt, die nun verfällt; und inmitten der gewaltigen Verwirrung der menschlichen Angelegenheiten vermag niemand zu sagen, wieviel von den alten Institutionen und früheren Sitten erhalten bleibt oder wieviel völlig verschwinden wird."
>
> Alexis de Tocqueville

bei ihrer Einweihung vor einigen Jahren noch als absolut erdbebensicheres Spitzenprodukt gepriesen wurde, eingestürzt, sondern auch der Glaube an die Machbarkeit der Technologie hat dauerhaften Schaden gelitten.

Der Mensch muß wahrscheinlich durch viele Täler des Todes, der Verwüstung und der Katastrophen gehen, bevor er begreifen wird, daß das Ganze anscheinend doch anders funktioniert als die Summe seiner Teile.

Ob die momentane Lernfähigkeit ausreicht, bleibt bei den gigantischen Verdrängungsphänomenen, wie z. B. in Japan, vorläufig unbeantwortet.

Wenn man allerdings bedenkt, daß schon Geistesgrößen wie Voltaire, Kant, Rousseau und Goethe das große Beben von Lissabon im Jahr 1755 – mitten im Zeitalter und Geist der Aufklärung – mit ähnlichen Erkenntnissen erklärten und zu dem geistreichen Schluß kamen, daß es „ein außerordentliches Weltereignis" (Goethe) wäre und „die Betrachtung solcher schrecklichen Zufälle lehrreich ist" (Kant), sind erhebliche Zweifel angesagt.

„Zum wirklichen Leiden, zur Hölle wird das menschliche Leben nur da, wo zwei Zeiten, zwei Kulturen und Religionen einander überschneiden. Ein Mensch der Antike, der im Mittelalter hätte leben müssen, wäre dann jämmerlich erstickt, ebenso wie ein Wilder inmitten unserer Zivilisation ersticken müßte. Es gibt nun Zeiten, wo eine ganze Generation so zwischen zwei Zeiten, zwischen zwei Lebensstile hineingerät, daß ihr jede Selbstverständlichkeit, jede Sitte, jede Geborgenheit und Unschuld verloren geht. Natürlich spürt das nicht ein jeder gleich stark. Eine Natur wie Nietzsche hat das heutige Elend um mehr als eine Generation voraus erleiden müssen, was er einsam und unverstanden auszukosten hatte, das erleiden heute Tausende."

Hermann Hesse,
in: „Steppenwolf"

27 Die neuen Soft-Facts als Lösungsvorschlag

Vor dem Hintergrund der skizzierten Ausschnitte einer eher ganzheitlichen Betrachtungsperspektive gängiger Lösungsmuster werden die neuen Anforderungen an Führungskräfte und Mitarbeiter deutlich.

Die Sicherung des Industriestandortes Deutschland führt über die Entwicklung zum Innovationsstandort. Dazu ist die Fähigkeit der Industrie gefordert, neue Produkte und Dienstleistungen zu kreieren und diese erfolgreich in turbulenten Märkten zu etablieren. Die entsprechenden Rahmenbedingungen zu schaffen heißt, zu akzeptieren, daß Innovations- und Veränderungsprozesse nicht nur komplexer, qualitativ anspruchsvoller und mit höherer Kreativität verbunden als Routineabläufe des Tagesgeschäftes sind, sondern auch konfliktträchtiger (Kienbaum-Studie 1994).

Die drei Menschentypen des US-Zukunftsforschers Joel Barker:
– Paradigmen-Veränderer
– Paradigmen-Pioniere
– Siedler

So betrachtet, bekommt nicht die Vermeidung von Konflikten, sondern die Konfliktkompetenz von Führungskräften eine besondere Bedeutung.

Die Kernkompetenzen des Konfliktmanagers sind dabei:

▶ Mut

▶ geistige Flexibilität

- Kreativität
- Kontaktfähigkeit
- Begeisterungsfähigkeit

Die Suche nach den geeigneten Rahmenbedingungen drückt sich in der aktuellen Diskussion aus, Frauen stärker im Management und an Entscheidungsprozessen in der Wirtschaft und in der Politik zu beteiligen.

28 Das Verkennen des Erkennens

Es gibt eine alte Geschichte über die Einwohner einer Insel. Diese Menschen sehnten sich danach, in ein anderes Land auszuwandern, in dem sie ein gesünderes und besseres Leben führen könnten. Das Problem war, daß die praktischen Künste der Schiffahrt und des Schwimmens bei diesen Leuten nie entwickelt worden oder schon vor langer Zeit verlorengegangen waren. So gab es unter der Bevölkerung der Insel einige, die sich einfach weigerten, über Alternativen zu dem Leben auf dieser Insel nachzudenken. Andere versuchten, an Ort und Stelle ihre Probleme zu lösen, ohne an eine Überquerung des Wassers zu denken. Ab und zu erfand einer der Inselbewohner die Kunst des Schwimmens aufs neue, und manchmal kam auch ein hoffnungsvoller Schüler zu so jemandem, der das Wasser zu überqueren wußte. Doch meist entwickelte sich dann etwa folgender Dialog (vgl. Idries Shah 1976):

„Die Paradigmen-Veränderer ... sind die großen Visionäre (die ‚Ketzer'), deren Ideen in den Augen der ‚anderen' total verrückt erscheinen, weshalb sie es schwer haben, Unterstützung für ihre Vision zu finden."

Joel Barker

„Ich möchte schwimmen lernen."

„Möchten Sie einen Vertrag aushandeln?"

„Das ist nicht nötig. Ich muß nur meinen Sack Kohlköpfe mitnehmen können."

„Was für Kohlköpfe?"

„Na, das Essen, das ich auf der anderen Seite brauchen werde."

„Dort gibt es besseres Essen."

„Wie soll ich das verstehen? Ich kann doch nicht sicher sein. Nein, meine Kohlköpfe muß ich mitnehmen."

„Aber mit einem Sack Kohlköpfe können Sie nun mal nicht schwimmen!"

„Dann kann ich auch nicht mitkommen. Sie nennen es eine Last, ich nenne es meine lebenswichtige Nahrung."

In diesem Dialog stehen Kohlköpfe stellvertretend für Vermutungen, Vorstellungen, vorgefaßte Meinungen oder Gewißheiten. Er endet damit, daß der Schüler zu einem anderen Lehrer geht, der ihn seine Kohlköpfe behalten läßt.

29 Von Grenzen und Zäunen

Vor langer Zeit lebte ein Stamm. Die Angehörigen dieses Stammes jagten Wild, tranken vom Wildbach und schliefen nachts in Zelten. Nach einer herrlichen Nacht in einer angenehmen Gegend brachen einige Stammesmitglieder auf, um Wild zu jagen. Sie brachten Wildbret mit, das für einige Tage vorhielt. „Laßt uns hier bleiben", schlugen sie vor, „hier ist gut Sein". So blieb der Stamm für einen Tag und dann noch für einen. Bald lernten die Jäger, Tiere zu zähmen und zu züchten, das Land zu bestellen und das Wasser einzudämmen. Als sie reicher wurden und sich stärker fühlten, machten sie große Pläne. Sie bauten sich Häuser und später große Villen. Und sie bauten Zäune gegen ihre Feinde. Diese schienen ihnen schlimme Feinde zu sein. Aber die Zäune waren gut, und nach jeder Attacke machte der Stamm sie noch stabiler.

Pilger zogen vorbei und erzählten Geschichten von besseren Lagern und von anderem Wild, aber der Stamm hörte nicht auf sie. Der letzte Jäger war schon gestorben, als während eines heißen Sommers der Wildbach weniger Wasser trug als sonst. Zuerst merkte das niemand, aber als der Wildbach weiter austrocknete, informierte der Wassermanager den Stammesrat. Der Stammesrat enthob den Wassermanager seines Amtes und beschloß, daß genug Wasser im Wildbach sei. Das Abstimmungsergebnis war 8:1.

„Die Paradigmen-Pioniere

... gleichen den Pionieren im ‚Wilden Westen', die den schmalen Pfad der Paradigmen-Veränderung folgen und es wagen, ins Ungewisse aufzubrechen."

Joel Barker

Der Stamm arbeitete weiter an seinem Zaun, der zwischenzeitlich schon so dick geworden war, daß niemand mehr die Umgebung jenseits des Zaunes sehen konnte. Einige Tage später waren die Tiere tot. Sie waren in der Hitze mangels Wasser verdurstet. Als die Stammesmitglieder nun Leitern holten und über den Zaun schauten, stellten sie fest, daß das Weideland um sie herum zu einer Wüste geworden war.

Da entschlossen sie sich weiterzuwandern. Indessen, dazu war es schon zu spät, sie hatten das Wandern verlernt. Der Stamm ging unter.

„Die Siedler

... kommen später, wenn der schmale Pfad zum breiten Weg ausgetreten ist. Sie fragen erst: ‚Ist es auch wirklich sicher, dort?' und folgen erst, wenn relative Sicherheit gewährleistet ist. Sie wollen vorher klare Zahlen und Ergebnisse (die sich auch aus der Arbeit der Pioniere ergeben hatten)."

Joel Barker

Der kreative Kick

Und da war doch noch dieser Manager, der mit sich und der Welt nicht mehr zufrieden war. Er kam gerade von einem Meeting mit seinem Vorgesetzten und hatte erfahren, daß der erhoffte Karrieresprung nun doch nicht stattfinden würde. Als er über seine Situation nachdachte, wurde ihm bewußt, daß seine Leistungen in letzter Zeit tatsächlich nicht besonders vorzeigbar waren. So hatte er wichtige Kundentermine versäumt, und statt seiner einstmals genialen Entwürfe produzierte er in den letzten Monaten nur noch Banalitäten. Er versuchte zwar, wieder an alte Leistungen anzuknüpfen, aber nichts funktionierte richtig. Schließlich ging er zum Hauspsychologen, der als „Ideen-Doktor" einen guten Namen hatte, und bat ihn um Hilfe.

„Ich bin total ausgepowert und bringe nichts mehr", erklärte er diesem.

„Also gut, ich werde Ihnen erst ein paar Fragen stellen müssen, damit ich Ihr Problem einkreisen kann", antwortete der Ideen-Doktor.

„Haben Sie sich in der letzten Zeit bei einigen Projekten richtig vorgewagt und mutig irgend etwas riskiert?"

„Kaum. Nicht, daß ich wüßte", antwortete der Manager.

„Haben Sie öfter nach dem 'Was-Wäre-Wenn-Wo-und-Wie' gefragt, um den eigenen Horizont und Ihre Vorstellungskraft zu erweitern?"

„Leider war ich zu sehr durch das Tagesgeschäft blockiert."

„Haben Sie wenigstens Ihre kreativen Mitarbeiter unvoreingenommen unterstützt, wenn sie mit neuen Ideen zu Ihnen kamen?"

„Ich weiß selbst, wo es klemmt und wo nicht. Dazu brauche ich keine naseweisen Mitarbeiter."

Die Anamnese ging eine geraume Weile so weiter. Schließlich fragte der Manager neugierig: „Nun, wie lautet denn Ihre Diagnose?"

„Es gibt keinen Zweifel, Sie sind zu sehr in alten Gewohnheiten festgefahren und blockieren sich und andere, ein typischer Fall von Psychosklerose", verkündete der Doktor. „Anfangs dachte ich, es sei bloß ein Fall von Hirnverschmutzung, dann hätte ich Ihnen nur eine Hirndusche verschreiben müssen. Aber Ihre Lage ist schon sehr, sehr ernst."

„Was, so schlimm?" fragte der Manager sichtlich erregt.

„Ja, Sie tragen Ihre beiden Enden verkehrt herum."

„Wie bitte? Wie darf ich das verstehen?"

„Betrachten wir es einmal so: Der Körper des Menschen hat zwei Enden: eines, um damit kreativ, mutig und schöpferisch tätig zu sein, und eines, um darauf zu sitzen. Solange Sie aktiv neue Ideen entwerfen und kreative Lösungen suchen, bleibt Ihr kreatives Ende in guter Verfassung. Wenn Sie aber nur noch herumsitzen und tagaus, tagein nur noch die gleichen Dinge tun, sackt Ihr Hirn in Ihre Kehrseite ab. Die Konsequenz davon ist, daß sich Ihre Enden verkehren."

Der Manager spürte, daß der Doktor recht hatte. „Wie konnte es dazu kommen?" wollte er wissen.

Der Ideen-Doktor überlegte eine Weile und antwortete: „Damit sie tunlichst vermeiden, etwas Neues auszuprobieren, entwickeln einige Menschen Einstellungen zum kreativen Denken, sogenannte „defensive routines", die sie bei dem bestätigen, was sie schon immer getan haben und sie bei alten Denk- und Verhaltensmustern festhalten. Diese Einstellungen sind:

Es ist nicht wichtig.

Ich habe keine Zeit.

Ich weiß die Antwort schon.

Ich bin nicht kreativ.

Solche Einstellungen und Grundmuster sind gefährlich, weil sie dazu führen können, daß Sie den Anschluß verpassen und nicht mehr wahrnehmen, was um Sie herum passiert. Wenn Sie etwa kreativem Denken und andersartigen Lösungen gegenüber gleichgültig sind, dann haben Sie nicht erkannt, daß gerade das neugierige und spontane Eingehen auf neue und vielleicht sogar „verrückte" Lösungsmuster eine entscheidende Weichenstellung ist, um in einer immer komplexer werdenden und sich mit hoher Geschwindigkeit ändernden Welt zu überleben.

Wenn Sie, wie der berühmte Waldarbeiter, weiterhin mit Ihrer rostigen Säge sägen und nicht verstehen, daß Sie zuerst die Säge aus der Hand legen und sie schärfen müssen, um zukünftig schneller und effektiver voranzukommen, dann wird Ihnen nicht klar werden, daß wir das „größere Ganze" im Auge behalten müssen.

Wenn Sie arroganterweise glauben, daß Sie die richtigen Antworten und Strategien selber kennen und schon gar keine Tips von Mitarbeitern brauchen, die lieber ihren Job tun sollten, werden Sie kaum herausfinden können, daß es vielleicht auch bessere und effektivere Wege geben könnte bis es zu spät ist.

Und falls Ihr Selbstwertgefühl gering ist, wie übrigens bei den meisten Menschen in unserer Zeit, ist Ihnen nicht bewußt, daß Sie, so wie Sie sind, gut genug sind und Ihnen alle Ressourcen zur Verfügung stehen, um Großes und Bahnbrechendes zu leisten."

Der Manager hörte den Ausführungen des Ideen-Doktors gebannt zu und stellte dann fest: „Was Sie mir da alles erzählt haben, klingt höchst plausibel. Ich bin sicher, daß genau diese Barrieren mein Denken und Verhalten während der letzten Monate und Jahre auf die eine oder andere Art und Weise beeinflußt haben."

Erst zögerte er einen Moment lang, dann fragte er: „Gibt es denn noch Hoffnung auf Heilung? Gibt es irgendeine Therapie, wie ich zu meinem alten Leistungsvermögen und meiner Kreativität und Spontanität zurückkommen könnte?"

„Möglich", sagte der Ideen-Doktor. „Tatsächlich gibt es dafür ein probates Heilmittel schon seit Jahrhunderten."

„Dann zögern Sie nicht. Geben Sie es mir. Koste es was es wolle", sagte der Manager. Der Ideen-Doktor zögerte nicht lange, ging auf ihn zu und gab ihm einen festen Tritt in den Allerwertesten. Sekundenlang war der Manager konsterniert und wie gelähmt, aber dann sprang er auf und rief aus: „Genau! Just do it. Ich gehe in mein Büro zurück und realisiere ein paar neue Ideen. Ich werde mich mutig für das Aufbrechen von alten Regeln und Mustern einsetzen und kreative Mitarbeiter mutig unterstützen."

Der Tritt war genau das Quentchen Anschub, das es gebraucht hatte, um dem Manager die Enden wieder in die richtige Position zu bringen.

„Sehen Sie", sagte der Ideen-Doktor, „manchmal ist die Lösung so einfach, und wir finden sie hinter der nächsten Ecke. Manchmal braucht es nur einen kreativen Kick, so wie ein Tritt in die Kehrseite, um die Leute dazu zu bringen, etwas Neues zu schaffen. Ich bin sehr froh, daß es bei Ihnen auch geklappt hat."

„Danke ist wohl zu wenig", sagte der Manager, als er ging. „Ich laß' mir etwas einfallen."

Der Ideen-Doktor schmunzelte.

In Anlehnung an: „Der kreative Kick" von Roger von Oech, Paderborn 1997

30 Ist der Zivilisationsprozeß steuerbar?

Zu dieser Frage soll hier eine wahre Geschichte erzählt werden, die als Parabel eine über den konkreten Vorfall hinausweisende Bedeutung erhalten kann. Entnommen ist sie der Herbstschrift 1 vom Steirischen Herbst 1990, und sie stammt von Peter Sloterdijk:

„Zu berichten ist von einem Vorfall, der sich in einer westdeutschen Mittelstadt zu Beginn der 80er Jahre wirklich zugetragen hat. Die Akteure der Geschichte sind einige tagsüber seriöse Herren, der Schauplatz ist ein nächtlicher Rummelplatz. Die Herren, unter denen man sich lokale Honoratioren wie Stadträte, Firmenchefs, Manager und Verwaltungsdirektoren vorstellen darf – insgesamt vielleicht ein halbes Dutzend Personen –, verbringen nach einem gemeinsamen Besuch der Kirmes einen angeheiterten Abend in einem Restaurant in der Nähe des Festplatzes, wo sie sich einem der üblichen steuerbegünstigten Geschäftsessen widmen.

Mitternacht ist lange vorüber, als die inzwischen sehr animierte Gesellschaft das Lokal verläßt und beschließt, noch einmal über den verdunkelten und menschenleeren Rummelplatz zu schlendern. In einer Dunstwolke aus Gelächter und solidarischer Bewußtseinstrübung wandern die Männer zwischen den verschlossenen Buden und stillgelegten Fahrunternehmen hindurch, die Stimmung könnte

---

Barkers Tips für die Zukunftstauglichkeit von Managern:

1. Überschreiten Sie Ihre Grenzen!

2. Seien Sie ein Paradigmen-Pionier in Ihrer Firma/Abteilung oder

3. Unterstützen Sie Paradigmen-Pioniere in Ihrer Umgebung (beruflich wie privat)!

4. Lernen Sie, Ihre eigenen alten Regeln (aus der Vergangenheit) zu durchbrechen!

5. Verlieren Sie die Angst vor dem Unbekannten!

nicht besser sein. Als die kleine Gesellschaft an dem Kettenkarussell vorbeikommt, hat einer der Herren die glänzende Idee, auf das Podium zu klettern und auf einem Sitz Platz zu nehmen. Die übrigen Teilnehmer der Runde greifen die Idee sofort auf und stürzen sich auf die luftigen Sitze, die in der milden Nacht an ihren Ketten schaukeln. Keiner der Herren schließt sich aus, vielleicht, weil Gruppeninstinkt, Alkohol und Geschäftsgeist in dieselbe Richtung wirken und dafür sorgen, daß Initiative belohnt wird. Inmitten der allgemein schaukelnden Fröhlichkeit hat einer von ihnen die glückliche Eingebung, sich an den Hebeln zu schaffen zu machen, die das Karussell in Bewegung setzen, und bevor sich einer recht besinnen kann, beginnt sich das Kettenkarussell wirklich zu drehen, fast lautlos, wenn man das Summen des Elektromotors und das Klirren der Ketten im Fahrtwind überhört. Die Sitze schwingen hoch nach außen, vor vergnügtem Schrecken schreien die Herren auf, so etwas hat man schon lange nicht mehr erlebt. Der Jubel dauert zehn Sekunden, zwanzig Sekunden, dreißig Sekunden vielleicht, je nach der Vergnügungswilligkeit der einzelnen und nach der Fähigkeit der Fahrgäste, die Situation zu analysieren. Spätestens nach einer Minute darf man annehmen, hat sich bei den Teilnehmern der fröhlichen Fahrt das eingestellt, was man eine „gemeinsame Bestandsaufnahme der Lage" nennt. Während das Karussell sich schwungvoll dreht und die Sitze herumwirbeln, begreifen die munteren Herrschaften nach und nach, daß dieses Unternehmen kostspielig werden könnte. Die vergnügten Schreie verwandeln sich in Hilferufe. Das Karussell reagiert aber auf Zurufe nicht und dreht sich unerbittlich weiter. Passanten gibt es zu dieser Stunde in dieser Gegend keine mehr, so daß die hilflosen Passagiere mit steigendem Entsetzen anfangen zu begreifen, daß sie mit ihrem Problem allein sind. Das Karussell ließ sich wohl von seinen Fahrgästen aus der Ruheposition starten, es läßt sich jedoch,

> „Wenn wir uns nicht manchmal völlig zum Narren machen, werden wir selbstgefällig – das heißt, wir entwickeln uns nicht mehr."
>
> Tom Peters

einmal in Fahrt, von denselben Gästen nicht mehr anhalten. Aus diesen Bedingungen, die den Beteiligten zu spät deutlich wurden, ergibt sich mit unerbittlicher Konsequenz das, was nun folgt – jedoch wollen wir den Blick so lange abwenden, bis das grausame Spiel vorüber ist.

Am folgenden Morgen taucht ein Schausteller auf dem leeren Festplatz auf und nimmt zufällig das gespenstisch kreisende Karussell mit seiner Besatzung wahr. Durch eine Intervention von Polizei und Rettungsdienst werden die längst ohnmächtigen Karussellastronauten aus ihrer Lage befreit. Eine Reihe von ihnen war längere Zeit in psychotherapeutischer Behandlung, einer gab sein Geschäft auf und schloß sich einer tibetanischen Sekte an; was aus den übrigen wurde, ist nicht bekannt."

31 Vernetztes Denken und ganzheitliches Management

Der Tagesablauf einer Führungskraft ist in der heutigen Zeit durch eine Vielfalt unterschiedlichster Aktivitäten bestimmt, die auf den ersten Blick betrachtet nur wenig miteinander zu tun haben. Für den geübten Betrachter kristallisiert sich jedoch schnell ein gemeinsamer Nenner heraus, das Entdecken und Lösen von Problemen (vgl. Probst 1987).

Jede Führungskraft ist also heutzutage mehr denn je ein Problemlöser. Obwohl die Erfahrung der Unternehmenspraxis zeigt, daß auch – oder gerade – intuitives und unsystematisches Vorgehen Erfolg bringen kann, setzt sich immer mehr die Erkenntnis durch, daß ohne eine neue „ganzheitliche" Sichtweise und neues „vernetztes" Denken die zunehmend schwierigen und komplexen Probleme der modernen Unternehmen nicht mehr gelöst werden können.

Vernetztes Denken und ganzheitliches Management läßt sich nicht wie eine Technik erlernen. Die Lösung komplexer Probleme erfordert eine besondere Denkart.

32 Vom linearen zum ganzheitlichen Denken

Der Begriff „Ganzheit" meint zum einen die Notwendigkeit gesellschaftlicher „Paradigmenwechsel", also die Ergänzung jahrhundertelang als richtig und alleingültig anerkannter Weltanschauungen durch eine neue Qualität, wie sie in den Begriffen der Selbstorganisation, der Erkenntnistheorie und dem Gedankengut des Organisationslernens beheimatet sind. Zum anderen indiziert er die Fähigkeit, diese Erkenntnisse bahnbrechend in der gebotenen Kürze zu realisieren.

Die neue Denkweise wurde zwingend, weil die Herausforderungen, die sich dem Unternehmen von heute stellen, grundlegend andere Problemlösungsmuster erfordern. Diese können wirkungsvoller mit Begriffen der Systemtheorie wie Vernetzung, Komplexität und Rückkopplung erstellt werden.

Die High-Tech-Lücke
Beim Top-Management Forum 1995 der Zeitschrift manager magazin stimmten die Top-Referenten von McKinsey und Arthur D. Little auf verblüffende und gleichzeitig erschreckende Weise überein: Deutschlands Wirtschaft leidet unter einm bedrohlichen Mangel an neuen Produkten. Bei etlichen Zukunftstechnologien ist der Rückstand gegenüber asiatischen oder amerikanischen Wettbewerbern nicht mehr wettzumachen.

Die Anwendung dieser neuen Denkweise in der Unternehmensführung bereitet offensichtlich große Mühe. Dies ist wahrscheinlich weniger eine Frage der Intelligenz als der Schwierigkeit, von jahrhundertealten eingeprägten Denkvorstellungen abrücken zu müssen. Das alte zergliedernde und analysierende Denken in branchen- und ressortorientierten Mustern erscheint vielen als die einzig logische Denkform, an der sie selbst dann noch festhalten, wenn alle Indizien dagegensprechen.

Der momentane Istzustand darf wohl höchstens als Suche nach einer erfolgversprechenden Vorgehensweise eingeordnet werden. Die Langsamkeit im Wandel ihres Denkens kennzeichnet die Angst der meisten Unternehmen, loszulassen und Experimente zu wagen.

33 Aspekte ganzheitlichen Managements

Immer öfter werden in der Diskussion um ganzheitliche Managementorientierungen Begriffe wie Wertewandel, Paradigmenwechsel oder die Revolutionierung des naturwissenschaftlichen Weltbildes zitiert. Moderne Trainer garnieren ihre Veranstaltungen gerne mit Begriffen wie „neue Wirklichkeit", Synchronizität, Dissipation oder zumindest Ganzheitlichkeit und Vernetzung. René Descartes, Isaac Newton und Francis Bacon werden zu den Akten gelegt, und es ist die Rede vom „Sonnen-" oder „Wassermannzeitalter" und dem Aufbruch zu neuen Ufern (sprich: „New Age"). Endlich wird der Vernetzung aller Micro-, Macro- oder Subsysteme zu ihrem lange – viel zu lange – vernachlässigtem Recht verholfen und dem Reduktionismus der etablierten Wissenschaft der Kampf angesagt. Daß die Ideen der New-Ager sich dabei von der wissenschaftlichen Theorie des radikalen Konstruktivismus bis hin zum Geist von Räucherstäbchen und Meditation erstrecken, macht es dem Beobachter nicht leichter und öffnet zugegebenermaßen auch die Tore für Scharlatanerie und Sektierertum. Während etablierte gesellschaftliche Subsysteme, wie z. B. die Schulmedizin, sich noch sehr schwer tun, von der Fixierung auf biochemische und physikalische Abläufe in ihrer Ausschließlichkeit Abstand zu nehmen, ist in den Geistes-, Sozial- und nun auch Wirtschaftswissenschaften ein wachsendes Potential an neuen Theorien zu entdecken. Ein holistisches Weltbild und das Abrücken von rein kausalen Aussagestrukturen sind angesagt, und vielerorts wird versucht, Phänomene in ihrem Eigensinn und den vernetzten Wirkungsstrukturen zu definieren.

Versucht man, sich der Begrenztheit der etablierten Naturwissenschaft und dem gültigen Wissenschaftsbegriff zu nähern, ohne den Boden der Esoterik zu betreten, und behält man dabei die Perspektive ganzheitlichen Managements im Auge, so sind vor allem *vier Aspekte* von Bedeutung.

34 Der Mythos der Objektivität

Der erste Punkt betrifft den Mythos der Objektivität bzw. der Erkenntnisfähigkeit des Beobachters und die daraus abgeleiteten Folgerungen und findet sich in der Literatur u.a. bei Maturana, von Foerster oder Watzlawick. Die nicht nur in der Philosophie der Stoa bereits beschriebene menschliche Konstruktion der Wirklichkeit bekommt besondere Bedeutung, seit man versucht, quantenphysikalische Zusammenhänge zu verstehen, und weiß, daß der Beobachter immer in das Geschehen eingreift, das Beobachtete zwangsläufig manipuliert und nie in einer fernab seiner Person existierenden Form registrieren kann. So braucht der Beobachter zum Beispiel Licht, um etwas zu sehen. Dies bedingt, daß er Licht, also Energie einsetzen muß, um das Untersuchungsobjekt zu beleuchten. Diese eingesetzte Energie verwandelt aber das Objekt bereits in etwas, was es vorher nicht war.

Im Bereich der sozialen und psychischen Phänomene wird dies noch deutlicher. Die Erhebungsinstrumentarien der Sozialwissenschaftler – speziell die der Beobachtung – waren lange Zeit ungeeignet, um zu verstehen, daß der Mensch sofort anders handelt, wenn er merkt, daß er beobachtet wird. Da der Kybernetiker Heinz von Foerster registrierte, daß selbst der Beobach-

---

„Die Erkenntnis, daß der Beobachter, das beobachtete Phänomen und der Prozeß des Beobachtens selbst eine Ganzheit bilden, die nur um den Preis völlig absurder Verdinglichung in ihre Einzelelemente zerlegt werden kann, hat weitreichende Folgen für unser Verständnis des Menschen und seiner Probleme – vor allem aber der Methoden, mit denen er sich im wahrsten Sinne des Wortes seine Wirklichkeit ‚konstruiert', dann darauf reagiert, als existiere sie unabhängig von ihm „da draußen", und schließlich vielleicht bestürzt feststellt, daß seine Reaktionen die Wirkung *und* die Ursache seiner Konstruktion der Wirklichkeit sind."

Paul Watzlawick

ter von den beobachteten Objekten beeinflußt, ja manchmal förmlich manipuliert wird, spricht er nicht mehr von beobachteten Systemen, sondern von *beobachtenden* Systemen. Gleichzeitig warnt er die Wissenschaftler davor, ihre Erkenntnisse zu trivialisieren, indem sie zu beobachtende Objekte von ihrer Umwelt bzw. ihren Bezugsgrößen isolieren und sie Naturgesetzen zuordnen, die sie berechenbar und vorhersehbar machen. Er betont, daß gerade die interessanten und vernetzten Phänomene in ihrem Verhalten nicht kalkulierbar seien. Sie seien nicht trivial in dem Sinne, daß das, was sie als nächstes tun, von den momentanen Zuständen abhängt, die wiederum das Ergebnis einer für den Beobachter niemals vollständig einsehbaren Historie sind. Er erzählt dazu die schöne Geschichte vom achtzehnten Kamel.

> Ein Mullah ritt auf seinem Kamel nach Medina; unterwegs sah er eine kleine Herde von Kamelen; daneben standen drei junge Männer, die offenbar sehr traurig waren.
>
> „Was ist Euch geschehen, Freunde?" fragte er, und der Älteste antwortete: „Unser Vater ist gestorben."
>
> „Allah möge ihn segnen. Das tut mir leid für Euch. Aber er hat Euch doch sicherlich etwas hinterlassen?"
>
> „Ja", antwortete der junge Mann, „diese siebzehn Kamele. Das ist alles, was er hatte."
>
> „Dann seid doch fröhlich! Was bedrückt Euch denn noch?"
>
> „Es ist nämlich so", fuhr der älteste Bruder fort, „sein letzter Wille war, daß ich die Hälfte seines Besitzes bekomme, mein jüngerer Bruder ein Drittel und der jüngste ein Neuntel. Wir haben schon alles versucht, um die Kamele aufzuteilen, aber es geht einfach nicht."
>
> „Ist das alles, was euch bekümmert, meine Freunde?" fragte der Mullah. „Nun, dann nehmt doch für einen Augenblick mein Kamel, und laßt uns sehen, was passiert."

Von den achtzehn Kamelen bekam jetzt der älteste Bruder die Hälfte, also neun Kamele; neun blieben übrig. Der mittlere Bruder bekam ein Drittel der achtzehn Kamele, also sechs; jetzt waren noch drei übrig. Und weil der jüngste Bruder ein Neuntel der Kamele bekommen sollte, also zwei, blieb ein Kamel übrig. Es war das Kamel des Mullahs; er stieg wieder auf und ritt weiter und winkte den glücklichen Brüdern zum Abschied lachend zu.

35 Sequentialität und Synchronizität

Der zweite Punkt, der das traditionelle Wissenschaftsverständnis in Frage stellt, ist ein Phänomen, das man auch im Alltag immer wieder beobachten kann. Es ist das zeitliche Zusammentreffen von zwar nicht kausal, aber durch einen tieferen Zusammenhang verbundenen Geschehnissen.

Eine Naturwissenschaft, die nur in herkömmlichen Ursachen-Wirkungsmustern zu denken vermochte, bezeichnete solche Koinzidenz lange Zeit als „bloßen Zufall". Die Einsicht darin daß das Konzept der Kausalität begrenzt ist, stellt dabei die großen Erfolge der Menschheit nicht in Frage. Ganz im Gegenteil darf sie als lebensnotwendige Erweiterung betrachtet werden, in deren Umfeld sicher vielgesichtige Lösungsmuster aktuelle Lebensprobleme beleuchten helfen.

Ohne Frage hat die Unterscheidung nach Ursache und Wirkung dem Menschen geholfen, gigantische Entwicklungsschritte einzuleiten und sich von mythologischem Gedankengut zu befreien. Das konnte natürlich nur so lange gutgehen, wie man nicht merkte, daß im Kausalitätsprinzip selbst eine gute Portion Mythologie und Metaphysik steckte.

Der Philosoph David Hume hat im 18. Jahrhundert dieses Thema sehr sorgfältig recherchiert und ist zu dem Schluß gekommen, daß die Idee der Kausalität durchaus nicht auf strenger Logik fußt. Nur weil man in der Vergangenheit bei vielen Gelegenheiten beobachtet hat, daß B auf A folgt, kann man nicht logisch schlußfolgern, daß diese Abfolge auch in Zukunft auftreten wird.

Da man der Kausalität zufolge etwas nur als Wirkung einer Ursache bestimmen kann, wenn es nach der Ursache eintritt (Sequenzialität), vernachlässigt diese Betrachtung alle Phänomene, die etwas mit Gleichzeitigkeit (Synchronizität) zu tun haben.

„Synchronizität ist das Vorurteil des Ostens, Kausalität das moderne Vorurteil des Westens", sagte C. G. Jung einmal. Und der Physiktheoretiker F. David Peat entwirft auf diesem Hintergrund ein interdisziplinäres Erklärungsmodell des wissenschaftlich nicht faßbaren Phänomens der Synchronizität und stellt beispielhaft Phänomene dar, die nur mit Hilfe der Synchronizität zu verstehen sind.

36 Selbstorganisierte Prozesse

Der dritte Punkt ist die Interpretation von Entwicklung als Resultat eines selbstorganisierten Prozesses.

Ordnung in sozialen Systemen wie Unternehmen kann demzufolge nicht an einer maschinellen Handlungsorientierung fixiert werden. Entwicklungs-, planungs-, konstruktions- und fertigungstechnische Einzelschritte werden nie der Komplexität der Prozesse gerecht und dürfen nicht ausschließlich auf ein absichtsgeleitetes menschliches Handeln reduziert werden.

Ursprünglich hat sich der Begriff der Selbstorganisation deutlich am biologischen Konzept orientiert und wurde als rein reaktiver, selbstorganisierter Prozeß verstanden. Inzwischen setzt sich im wirtschaftswissenschaftlichen Betrachtungsrahmen immer mehr die Definition von Selbstorganisation als innovativer, kreativer und aktiver Vorgang durch.

Selbstorganisation sozialer Systeme bedeutet nach Probst die Fähigkeit, die eigenen Zwecke, Ziele, Werte und Verhaltensnormen zu thematisieren und zu verändern. Dem reaktiven Konzept zufolge wäre die aktive Auseinandersetzung mit Veränderungen überflüssig, weil sinnlos. Humansysteme besitzen aber die Fähigkeit zur Selbstreflexion und können den Sinn ihres Handelns immer wieder neu festlegen bzw. aushandeln (vgl. dazu Probst/Klimecki 1991).

„Drei Brahmanen haben alle Wissenschaften gelernt, doch nur der vierte besitzt Einsicht. Sie sehen die Gebeine eines toten Löwen; der eine fügt sie zusammen, der zweite verbindet sie durch Fleisch und Blut, und der dritte will sie gerade beleben, da hält ihn der vierte zurück: „Es wird ja ein Löwe, der uns alle verschlingen wird!" Der Dritte lacht ihn aus, doch der Einsichtige erklettert rasch einen Baum und sieht von dort aus zu, wie sich seine Prophezeiung erfüllt."

Altes indisches Märchen

Vor diesem Hintergrund lassen sich nach Probst vier Charakteristika von selbstorganisierten Systemen darstellen:

- Komplexität
- Selbstreferenz
- Redundanz
- Autonomie

Soziale Systeme sind *komplex*, da sich die Anzahl sowie die Beziehungen zwischen den einzelnen Elementen ständig verändern. Vorhersagen über Auswirkungen von Beeinflussungen sind dementsprechend schwer, eher gar nicht zu fixieren. Klassische Entwicklungsarbeit über Analyse und Zielorientierung muß versagen, da das Verhalten des Systems weder aus den systeminternen Zuständen noch aus den Inputs abgeleitet werden kann. Lediglich „Mustervor-aussagen" über das Verhalten eines Systems sind möglich.

Hier wird deutlich, was Frederic Vester schon vor zehn Jahren sagte: „Die Zukunft unserer Unternehmen läßt sich nur noch schwerlich auf der Basis von Hochrechnungen kalkulieren".

Nach Probst wird es bei Systementwicklung als Herausforderung für ein ganzheitlich orientiertes Management zukünftig nicht mehr um exakte Festlegung von Entwicklungszielen gehen, sondern allenfalls um das Anbieten von breiten Entwicklungskanälen, -mustern und netzwerkorientierten Prozeßhilfen.

Unter *Selbstreferenz* ist die operationale Geschlossenheit eines sozialen Systems zu verstehen. Jedes Verhalten des Systems wirkt auf sich selbst zurück und wird zum Ausgangspunkt für weiteres Verhalten. Neue Ordnungsmuster lassen sich nicht auf absichtsgeleitetes Gestalten, sondern auf das interaktive Wechselspiel aller Systemteile zurückführen.

Die *Redundanz* entsteht in einem sozialen System aus den nicht ausgeschöpften und nicht ausgerichteten Leistungsreserven seiner

Teile. Für ein Unternehmen bedeutet das, daß mehrere Mitarbeiter unabhängig von ihrer Position über die Fähigkeit verfügen, dasselbe zu tun. Dieses Reservoir von Entwicklungschancen wird für eine nicht vorhersagbare Zukunft auch dringend gebraucht und dient als Spielraum für zukünftige Bewältigungsanforderungen.

Soziale Systeme besitzen grundsätzlich die *Autonomie*, ihre Ziele und Zwecke frei zu wählen. Sie sind aktiv und können jederzeit neue Handlungsmöglichkeiten generieren, die nicht unbedingt nur auf eine Veränderung der Umwelt zurückzuführen sind.

37 Individuelle Lernstrukturen

Der vierte Punkt eines entwicklungsorientierten ganzheitlichen Managements ist die Herausforderung, individuelle Lernstrukturen und -potentiale in die Wechselprozesse einer lernenden Organisation einzubringen, damit Entwicklung im Rahmen von Selbstorganisation stattfinden kann.

Obwohl zur Zeit immer noch individuelle Lerntheorien deutlich weiterentwickelter sind als institutionelle Lerntheorien, darf auf diesem Gebiet mit relativ schneller und breiter Theorieentwicklung gerechnet werden. Praxisrelevante Ansätze deutscher Hochschulen dringen bereits bis in die Basis interner Personalentwicklungsstrategien ein und brechen das verkrustete Verständnis von betrieblichem Training und Weiterbildung auf (vgl. Helmut Fuchs et al., TAM-Personalentwicklungsstudie 1991).

38 Vertiefung

Es gilt abzuwarten, wie daraus resultierende Handlungskonsequenzen, zum Beispiel die bereits erwähnte Überlegenheit der Kooperation gegenüber der Konkurrenz, in Einklang zu bringen sind mit verhärteten Strukturen. Es gilt außerdem abzuwarten, inwieweit durchlässige Ränder geschaffen werden können, die unsere Wirtschaft dringender denn je benötigt.

Auf alle Fälle lohnt es sich, diese Ansätze weiterzudenken und folgende Aspekte zu berücksichtigen:

- Alle Unternehmen sind vernetzte Systeme. Neben linearen gibt es immer viele nicht-lineare Beziehungen.

- Führungssituationen müssen immer als Ganzes betrachtet werden. Es gibt keine schlechten Mitarbeiter, nur schlechte Vorgesetzten-Mitarbeiter-Verhältnisse.

- Unternehmen sind Leib/Seele/Geist-Einheiten. Hinter dem täglichen Umgang mit dem Rationalen gibt es die Ebene der Spiritualität des einzelnen und der ganzen Organisation.

- Unternehmen sind lebende Systeme und verhalten sich dementsprechend wie andere Lebewesen, deren (Über-)Leben von der Versorgung mit den notwendigen Ressourcen abhängt.

- Energieressourcen lassen sich nur in lernfähigen Organisationen ausbilden.

Dies alles ist eine große Herausforderung für alle, die Systeme steuern und die an der Gestaltung der Zukunft mitwirken möchten.

Die Erfolge der Wirtschaft werden sich zukünftig an einer Personen-, Sozial-, Natur- und Zukunftsverträglichkeit messen lassen müssen, die sich nur durch ganzheitliche Denkansätze und Handlungskonsequenzen erschließen wird.

39 Das lernende Unternehmen

Unter „lernendem Unternehmen" versteht man ein lernfähiges Unternehmen. Das Unternehmen soll fähig sein zur Veränderung, d. h. reagieren können auf Veränderungen im Umfeld. Das ist eine zentrale Voraussetzung zur Sicherung von zukünftigen Wettbewerbsvorteilen.

Das Unternehmen verstehen wir dabei als ein System, bei dem alles mit allem verknüpft ist (Autoren hierzu: Probst, Ulrich, Senge). Innerhalb dieses Systems versuchen wir, die Komplexität so weit zu reduzieren, daß es steuerbar wird. Diese Steuerung, d. h. die Minimierung der Differenz zwischen einem momentanen Zustand (=Ist) und einem Zielzustand (=Soll) muß *systemintern* erfolgen. Die Beratung kann nur Hilfestellungen geben.

40 Die elf Merkmale eines lernenden Unternehmens

Die Frage danach, was verändert werden kann, beantworten die englischen Wissenschaftler und Berater Pedler, Burgoyne und Boydell. Deren Ansatz basiert auf einem Modell mit elf Merkmalen, die ein lernendes Unternehmen charakterisieren.*

1. Strategiebildung als Lernprozeß:
   Unternehmenspolitik und Unternehmensstrategie sowie deren Umsetzung, Bewertung und Verbesserung sollten bewußt als Lernprozeß strukturiert werden.

2. Partizipative Unternehmenspolitik:
   Beteiligung aller an der Festlegung unternehmenspolitischer Maßnahmen und Strategien, d.h. alle Mitglieder des Unternehmens haben die Möglichkeit, an den wichtigen unternehmenspolitischen Entscheidungen teilzunehmen, sie zu diskutieren und mitzugestalten.

3. Freier Informationsfluß:
   Gezielter Einsatz von Informationstechnologie, um alle zu informieren und zu qualifizieren.

4. Formatives Rechnungs- und Kontrollwesen:
   Buchführungs-, Berichts- und Budgetierungssysteme sind so strukturiert, daß sie Lernen unterstützen und ihre internen Kunden, also die Mitarbeiter aller Abteilungen, begeistern.

5. Interner Austausch:
   Individuen, Gruppen, Bereiche und Abteilungen stehen in einem ständigen Dialog.

---

* abgedruckt mit freundlicher Genehmigung des Paidia-Verlages, Fulda.

6. Flexible Vergütung:
   Finden von neuen, alternativen Methoden für die Vergütung der Mitarbeiter eines lernenden Unternehmens, wobei Geld keineswegs die einzige Form der Belohnung sein muß.

7. Qualifizierende Strukturen:
   Schaffung von Möglichkeiten für persönliches Wachstum und Entwicklung und damit für die Entwicklung des ganzen Unternehmens.

8. Umfeldkontakte zur „strategischen Frühaufklärung":
   Sammeln von Daten durch alle Mitglieder des Unternehmens, die Kontakte zu externen Kunden, Klienten, Lieferanten, Nachbarn usw. haben.

9. Firmenübergreifendes Lernen:
   Gemeinsam mit Kunden Lernaktivitäten zum beiderseitigen Vorteil planen und durchführen.

10. Lernklima:
    Primäre Managementaufgabe ist es, den Mitarbeitern das Experimentieren zu erleichtern, damit sie aus den gemachten Erfahrungen lernen können.

11. Selbstentwicklungsmöglichkeiten für alle:
    Mittel und Möglichkeiten, sich persönlich weiterzuentwickeln, werden allen Mitgliedern des Unternehmens und im Idealfall auch den externen Interessengruppen verfügbar gemacht.

Mithilfe dieser elf Merkmale kann der momentane Zustand im Unternehmen analysiert und gleichzeitig der Zielzustand unternehmensintern und auf breiter Basis ermittelt werden. Die dadurch entstehende strategische Neuausrichtung des Unternehmens wird von allen getragen. Führungskräfte bereiten den Weg durch sinnvolles Handeln, Schaffen geeigneter Rahmenbedingungen und entsprechende Kommunikation vor. Ein lernendes Unternehmen hat eine einheitliche Ausrichtung auf die neue strategische Intention, erhöht die Identifikation der Mitarbeiter mit den Unternehmenszielen und schafft Synergieeffekte durch höhere Kreativität und Produktivität des einzelnen.

Veränderung ist jedoch nicht leicht. Veränderungskonzepte scheitern meist an der organisationalen Wirklichkeit, wobei meist von falschen Annahmen ausgegangen wird. Es muß beachtet werden, daß jedes organisationale Subsystem seinen eigenen Sinn-, Normen- und Wertekanon hat, sich ein neues Ziel nicht so einfach überstülpen läßt und die Maßnahmen, die für das gesamte Unternehmen geplant werden, auch für die Individuen, Gruppen und einzelnen Abteilungen sinnvoll sein müssen. Hier können durch bereichs- oder abteilungsweises Auswerten der Fragebögen Differenzen im Ist- und Zielzustand ermittelt werden, auf die beim Veränderungsprozeß in besonderer Weise eingegangen werden kann.

Die Gestaltung lernfähiger Organisationen setzt einen Paradigmawechsel bei Führungskräften und ihren Beratern voraus. Wahrnehmungs- und Denkgewohnheiten müssen hinterfragt und verändert werden, und es ist wichtig, zu erkennen, daß institutionalisierte Einstellungen, Glaubensvorstellungen und Denkgewohnheiten zwar ein geschlossenes System bilden (und damit ein schlüssiges Bild ergeben), aber zum Teil unrichtig sind. Veränderung von liebgewordenen und früher größtenteils erfolgreichen Gewohnheiten ist im allgemeinen schwierig. Allerdings bedeutet die Abkehr von alten Konzepten nicht, daß sie früher unangemessen waren.

Beim Wechsel des Bezugssystems (=Paradigma) muß berücksichtigt werden, daß es niemals rückwirkend angewandt werden kann. Durch einen solchen Versuch würden lediglich unnötige emotionale Barrieren gegen aktuelle und zukünftige Veränderungen aufgebaut. Um diesen Wechsel des Bezugssystems zu vollziehen, sind folgende Schritte zu gehen:

▶ Veränderung des eigenen Weltbildes durch Änderung der Wahrnehmungsprozesse und der sie steuernden Werthaltungen und Überzeugungen.

- Realisierung des Umstands, daß jeder ein Teil des (Unternehmens-)Systems ist sowie Verzicht auf „objektive" Wahrheiten und absolute Gültigkeit von Expertenmeinungen.
- Verzicht auf Machbarkeits- und Kontrollillusion gegenüber den Mitarbeiter durch Hinterfragen des Selbstverständnisses von Führungskräften.
- Vertrauen in die Kompetenzen und Selbstverantwortung der Mitarbeiter sowie in die Prinzipien von Selbstorganisation.
- Ermittlung von Handlungs- und Kommunikationsmustern und der ihnen zugrundeliegenden Normen und Beachtung des Umstands, daß allein diese die Geschicke eines Unternehmens bestimmen.
- Realisierung der Tatsache, daß neue Denk- und Handlungsmuster gerade in Krisenzeiten dringend benötigt werden.

Ein lernfähiges Unternehmen gibt sich nicht mit Veränderungen an der Oberfläche zufrieden. Für organisationale Veränderungsprozesse ist es wichtig, nicht nur Verhaltensweisen durch Training zu verändern und die Ausstattung von Büros und Gebäuden zu erneuern, sondern vor allem die zugrundeliegenden Normen und Werte zu hinterfragen und zu verändern. Gleichzeitig darf jedoch nicht aus dem Auge verloren werden, daß ein Unternehmen immer auch ein Subsystem in seinem gesellschaftlichen Umfeld ist. Kulturelle und gesellschaftliche Normen können daher nicht außer acht gelassen werden, die internen Normen und Werte dürfen diesen nicht widersprechen.

Die Entwicklung eines Unternehmens zu einem lernenden Unternehmen ist ein langfristiger Prozeß, während dem alle mit allen reden, zuhören lernen und sich trauen müssen, nachzufragen. Besonders geeignet für diesen Prozeß ist der Arbeitsplatz als effektiver und effizienter Ort des Lehrens und Lernens. Die hier stattfindenden Weiterbildungsmaßnahmen sind nahe an der Wertschöpfungskette und führen damit zu einer Optimierung des Wertschöpfungsprozesses. Es wird nur gelernt, was wirklich gebraucht wird, und das Gelernte läßt sich sofort umsetzen. Damit ist der Transfer ebenfalls gesichert. Auftauchende Umsetzungsschwierigkeiten können sofort besprochen und geklärt werden. Weiterbildung am Arbeitsplatz ist außerdem billiger (nur 50 Prozent der externen Seminarkosten pro Stunde und pro Teilnehmer). Durch kontinuierliches Lernen am Arbeitsplatz paßt sich das Unternehmenssystem an die sich wandelnden Umfeldbedingungen an.

Dabei ist arbeitsplatznahes Lernen ressort- und hierarchieübergreifend zu organisieren, darf sich nicht nur auf Vermittlung von Fach- und Methodenwissen beschränken, sondern ebenso auf die Entwicklung sozialer Kompetenz ausrichten. Die Verantwortung für die Personalentwicklung liegt bei den einzelnen Mitarbeitern und den Führungskräften.

41 Erstes Merkmal: Strategiebildung als Lernprozeß

Dieses Merkmal besagt, daß die Entscheidung, was bezüglich der kollektiven Führung des Unternehmens zu tun ist, sowie die Umsetzung dieser Entscheidung selbst ein Lernprozeß sein muß. Die Prozesse der Strategiebildung sowie deren Umsetzung, Bewertung und Verbesserung müssen bewußt so strukturiert sein, daß sie Lernen fördern.

Ausdruck einer nicht-lernenden Einstellung zur Strategie ist zum Beispiel die leidenschaftlich stürmische, aber blinde Art zu handeln, Dinge im Hauruck-Verfahren umzusetzen. Hierbei setzt das Unternehmen seine Energie und Anstrengungen für eine Firmenpolitik ein, ohne vorher zu prüfen, ob diese funktioniert.

Die Einstellungen eines lernenden Unternehmens dagegen zeigen sich darin, daß zum Beispiel

- bei neuen Ideen kontrollierte Risiken eingegangen werden. Neue Ideen werden zuerst als Pilotprojekt ausprobiert, bevor sie in der Praxis unternehmensweit eingesetzt werden.

- bewertet, überprüft und Feedback eingeholt wird, um festzustellen, ob ein Plan funktioniert bzw. um früh genug Warnsignale zu erhalten, falls er nicht funktioniert.

- in vielen Bereichen des Unternehmens regelmäßig kleinere Neuerungen ausprobiert werden.

Beispielhaft hierfür ist die sogenannte „Management Challenge" von Shell und anderen Firmen: Alle drei Jahre werden die obersten Führungskräfte einer Niederlassung von Berufskollegen (leitende Angestellte eines anderen Werkes oder aus einem anderen Land) besucht. Dieser Besuch dauert in der Regel eine Woche. Während dieser Zeit haben die Besucher das Recht, alle Bereiche des Unternehmens zu beobachten und zu prüfen. Nach Ablauf dieser Woche stellen sie in einer Besprechung der Betriebsführung verschiedene Fragen, die vor allem darauf abzielen, Arbeitsabläufe und innerbetriebliche Handlungsmotive zu hinterfragen. Das ist die „Herausforderung" für das Management. Die Fragen müssen anschließend zusammen mit den Antworten veröffentlicht werden.

42 Zweites Merkmal: Partizipative Unternehmenspolitik

Dieses Merkmal weist auf die Beteiligung aller Mitglieder eines Unternehmens bei der Festlegung unternehmenspolitischer Maßnahmen und Strategien hin. Es wird hierbei davon ausgegangen, daß die getroffenen Entscheidungen durchdachter sind, wenn alle – zum Beispiel auch Lieferanten, Kunden und Geschäftspartner – die Möglichkeit haben, bei wichtigen firmenpolitischen Überlegungen mitzureden und mitzubestimmen.

Diese Annahme basiert auf folgende Beobachtungen:

1. Etlichen Kommentaren über japanische Firmen ist zu entnehmen, daß neue organisatorische Maßnahmen im Vergleich zu westlichen Firmen ausführlicher und länger diskutiert werden, und dies im gesamten Betrieb. Dieser Prozeß dauert zwar länger, als wenn die Firmenpolitik von einer kleinen Elitegruppe bestimmt wird, führt aber zu einer größeren Einigkeit innerhalb des Unternehmens. Die Zeit, die während der Diskussion verlorengeht, wird zu einem späteren Zeitpunkt, nämlich bei der Umsetzung, wieder gewonnen – nicht zuletzt deshalb, weil allerlei kleine Schwierigkeiten schon vorab entdeckt und gelöst worden sind.

2. Je mehr Menschen sich einen Verbesserungsvorschlag und dessen Auswirkungen für den eigenen Arbeitsbereich ansehen, umso größer ist die Wahrscheinlichkeit, daß sie auch dabei helfen, Pläne für die Umsetzung der Maßnahme vorzubereiten. Für Veränderungen werden dadurch die Wege geebnet.

3. Mitbestimmung bringt mehr Engagement für das Unternehmen, eine stärkere Identifikation mit dem Unternehmen und

eine größere Bereitschaft, beim Planen und Einführen von Neuerungen mitzumachen.

Ein Beispiel für diese Weise, die Firmenpolitik festzulegen, findet sich im Buch von James Womack et al. „The machine that changed the world". Hier wird ausgeführt, daß Toyota fünf bis sechs Jahre benötigt, um ein Konzept in ein verkaufsfertiges Auto umzuwandeln – im Vergleich zu General Motors, die sieben bis acht Jahre benötigen. Trotzdem verbringen die Toyota-Mitarbeiter mehr Zeit mit der Planung des neuen Autos. General Motors macht die Planung im Schnellverfahren und „heilt" die Kinderkrankheiten bei der Produktion. Die Wahrscheinlichkeit, daß Toyota es beim ersten Mal richtig macht, ist größer.

Ein zweites Beispiel ist die brasilianische Firma SEMCO, die mit folgenden Prinzipien arbeitet: Mitbestimmung, fairer Anteil am Gewinn und freier Informationsaustausch. Diese Firma glaubt, daß Größe und Hierarchie die Hauptfeinde sind für eine Mitbestimmung bei der Festlegung der Firmenpolitik. Deshalb beschäftigt das Unternehmen in keinem Betrieb mehr als 150 Mitarbeiter und besitzt nicht mehr als drei Hierarchie-Ebenen.

43 Drittes Merkmal: Freier Informationsfluß

Informationstechnik wird eingesetzt, um den freien Fluß von Informationen zu unterstützen, um alle Firmenmitglieder zu informieren und diesen zu ermöglichen, Fragen zu stellen und Entscheidungen zu treffen, die auf allen verfügbaren Daten basieren. Bei der Automatisierung wird im Gegensatz dazu Informationstechnik genutzt, um menschliche Intelligenz aus einem Arbeitsprozeß herauszunehmen, vielfach sogar, um Menschen zu entmündigen.

Informationssysteme ...

- ▶ bieten Menschen Zugang zu allen relevanten Informationen, über die ein Unternehmen verfügt, um schnelleres Handeln zu ermöglichen.

- ▶ nutzen und schaffen allgemein zugängliche Datenbanken, die den Informationsfluß an jenem Punkt in der Organisation beschleunigen, an dem die Information benötigt wird. Dies ist meist der Mitarbeiter, der in direkter Verbindung mit dem Kunden steht.

- ▶ sind so gestaltet, daß sie Lernen fördern, benutzerfreundlich und interessant sind und vorzugsweise in der Benutzung Spaß machen.

Bei einem Treffen zum Thema Datenbestandserweiterung teilte uns die Fluglinie British Airways mit, sie würden lieber ihre Flugzeuge verkaufen als ihr Computersystem: Ein Flugzeug kann immer gemietet werden, aber ein Computersystem ist das Herz der Gesellschaft. Es streckt seine Arme aus wie die Wurzeln eines Baumes, um alle Reisebüros zu erreichen, und holt sich damit die Umsätze ins Haus; im betrieblichen Bereich verzweigt es sich, um Flüge,

Flugzeuge, Flugpersonal, Essen, Getränke usw. zu koordinieren – wie die Äste und Zweige eines Baumes.

Es gibt viele andere Organisationen, die sich in zunehmendem Maße um das eigene Informationssystem strukturieren, z.B. hat Best Western Hotel ein Computer-Reservierungssystem, durch das das mittlere Management immer mehr ersetzt wird. Ein hoher Informationsgrad unterstützt die Mitbestimmung bei der Festlegung der Firmenpolitik, weil so das Unternehmen transparent wird. So gesehen ist die Mitarbeit in einem informationsoffenen Unternehmen fast so etwas wie die Beteiligung an einem Live-Geschäftsspiel: Die Menschen holen sich Firmendaten, verstehen und analysieren diese und haben dadurch einen Überblick einerseits über das, was geschieht und andererseits über das, was geschehen soll.

44 Viertes Merkmal: Formatives Rechnungs- und Kontrollwesen

Das formative (d. h. bildende oder den Lernprozeß mitgestaltende) Rechnungs- und Kontrollwesen mit seiner Buchhaltung, Umsatzplanung und Berichterstattung ist im wesentlichen so gestaltet, daß die Mitarbeiter aus den Konsequenzen geschäftlicher Entscheidungen lernen können. Die eingesetzten Systeme fördern Verständnis und Kompetenz und ermutigen sowohl Individuen als auch Gruppen dazu, als autonome Geschäftsbereiche innerhalb des Unternehmens zu handeln. Dabei übernimmt jeder einzelne Verantwortung für das eigene Handeln.

Obwohl sich das einfach anhört, fordert es von den meisten Menschen, die gegenwärtig die Buchhaltungssysteme unserer Großunternehmen leiten, eine enorme Veränderung der Perspektive. Denn es bedeutet, daß diese Leute sich die Frage stellen müssen: „Wer sind unsere Kunden, und was begeistert sie?"

Es gibt viele freche Witze über Buchhalter. Einer der etwas harmloseren Witze sagt, sie seien den Leuten ähnlich, die beim Cricket die Punktzahl ansagen, außer, daß die Bilanzbuchhalter erst nach Spielende das Ergebnis bekanntgeben.

Die traditionelle Rolle des Buchhalters besteht darin, am Jahresende eine Bilanz aufzustellen, während wir hochaktuelle Informationen über die möglichen Folgen bestimmter Handlungen im Grunde möglichst schnell benötigen, um zutreffende Einschätzungen abgeben und richtige Entscheidungen treffen zu können.

Ein Praxisbeispiel für das formative Rechnungs- und Kontrollwesen liefert die Firma Mercian Windows, eine Doppelfenster-Firma mit 38 weit auseinanderliegenden Zweigstellen und einem straffen Zentralsystem für die Finanzkontrolle. Nachdem festgestellt wurde, daß die Manager der Zweigstellen nichts vom Geldfluß innerhalb der Firma verstanden – was allerlei direkte und indirekte Auswirkungen bei örtlichen Entscheidungen, hinsichtlich der Risikobereitschaft usw. hatte – startete der Leiter der Finanzabteilung eine mobile Ausstellung mit Präsentationen, Videos sowie Do-it-yourself-Aktivitäten, die von einer Zweigstelle zur anderen fuhr. Sein Ziel war, den Managern die Grundlagen für ein Finanz-Controlling beizubringen und sie zu ermutigen, Beziehungen zu Finanzleuten zu schaffen.

Ein weiteres Beispiel ist die Beetham Paper Mill, eine Papierfabrik, die durch die Installation von Digitaldisplays die Kosten senken und die Produktionsqualität verbessern konnte. Mit Hilfe dieser Displays erhielten die Maschinisten sofortiges Feedback über die technischen Daten und die Qualität des Papiers. Anstatt auf Anweisungen warten zu müssen, können sie nun einige Einstellungen selbst vornehmen. „Es ist wie das Computerspiel Space Invaders", sagte einer der Maschinisten dazu.

45 Fünftes Merkmal: Interner Austausch

Ausgehend von den Total Quality Management-Ideen begreifen sich bei dem lernenden Unternehmen alle Einheiten, Geschäftsbereiche und Abteilungen als Kunden bzw. Lieferanten und stehen über eine teilregulierte Marktwirtschaft miteinander in Verbindung. Statt geschäftlicher Kontrolle von oben nach unten wird eine Kontrolle im Unternehmen durch gemeinsame Änderungen und Verhandlungen erreicht.

Einzelne Mitarbeiter, Teams, Abteilungen und Geschäftsbereiche tauschen Informationen über ihre Erwartungen aus und geben einander Feedback über die erhaltenen Waren und Dienstleistungen. Da die Fähigkeit des Unternehmens, auf dem Markt wirksam zu handeln, seine Fähigkeit zur internen Kommunikation und Zusammenarbeit widerspiegelt, will jeder Geschäftsbereich seine internen Kunden zufriedenstellen und „begeistern". Dafür ist der regelmäßige Austausch über die wichtigen Dinge, die das Unternehmen betreffen, notwendig.

Ein Beispiel für einen solchen internen Austausch ist die Firma Kodak, Macclesfield. Hier wurden eine Reihe von Abteilungen gebildet, die für die Regelung von Vorrat, Qualität, Produktion, Zeiteinhaltung usw. im Unternehmen zuständig waren, anstatt diese Aufgaben vom mittleren Management erledigen zu lassen. Die dadurch frei gewordenen Manager wurden anderweitig eingesetzt und sollten im Interesse des Unternehmens neue Produkte und Produktionsmethoden untersuchen. Ihre Aufgabe bestand nun darin, Neuerungen einzuführen, anstatt ihre Zeit damit zu verbringen, die verschiedenen Bereiche des Betriebes zu koordinieren. Ein doppelter Schritt in Richtung des lernenden Unternehmens also.

Ein weiteres Beispiel ist die Firma Lazertek, ein kleines Spezialingenieur-Unternehmen im Vereinigten Königreich, das sich angesichts der Konkurrenz größerer Arbeitgeber vor das Problem gestellt sah, seine besten Mitarbeiter zu halten und „wachsen" zu lassen. Mit der Idee von „internen Partnern" änderte Lazertek die Beziehung zwischen einigen Mitarbeitern und dem Unternehmen durch Kapitalbeteiligung, Lizenzvergabe, Besitzanteile an Maschinen und einigen anderen Dingen. Durch diese Änderungen in den Besitzverhältnissen wurden die Menschen zu Mit-Unternehmern.

46 Sechstes Merkmal: Flexible Vergütung

Hand in Hand mit unseren Vorstellungen über eine verstärkte Mitbestimmung aller an der Unternehmenspolitik müssen wir auch neue, alternative Methoden für die Vergütung der Mitarbeiter in einem lernenden Unternehmen finden. Dies ist nicht leicht, und Forschungsergebnisse deuten darauf hin, daß alle Lösungen im Grunde genommen vorübergehend sind. Das lernende Unternehmen will ein gerechtes Vergütungssystem, das Ideen der „Profitteilung" unterstützt und alternative Zahlungsmöglichkeiten mit der Absicht untersucht, flexible Lösungen für die einzelnen Menschen im Unternehmen zu schaffen.

Dabei werden einige Annahmen in Frage gestellt: Warum zahlen wir einigen Mitarbeitern mehr als anderen? Welche Werte liegen unserem Lohn- und Gehaltssystem zugrunde? Wofür bezahlen wir unsere Angestellten?

Egal wie die Antworten ausfallen, das lernende Unternehmen dieser Art wird seinen Mitarbeitern beibringen, daß das Vergütungssystem Bestandteil einer Umgebung ist, die Lernen, Experimentieren und neue Projekte unterstützt.

Es gibt viele sehr unterschiedliche Vergütungssysteme, die für das jeweilige Unternehmen gut funktionieren. Bei der Firma Keatings zum Beispiel erhält jeder – auch die Direktoren – den gleichen Pauschallohn. Die Hauptmotivation hierfür ist die Vermeidung von Lohnunterschieden sowie Neidgefühlen und mangelnde Kooperation, die durch solche Unterschiede hervorgerufen werden können.

Aber wir fanden auch bei einer Ingenieurfirma ein äußerst kompliziertes Vergütungs- und Anreizsystem. Ein kleiner Teil des Gehaltes ist festgelegt, aber es gibt separate und zusätzliche Anteile für Leistungen auf Firmen-, Niederlassungs-, Abteilungs- sowie persönlicher Ebene. Dies kam uns ziemlich kompliziert vor, aber für diese Firma klappt es anscheinend sehr gut, denn alle haben das Gefühl, ausgewogene Anreize für persönliche und gemeinsame Leistung zu haben.

Ein weiteres Beispiel zeigt die Wichtigkeit von nicht-finanziellen Belohnungen. Die Beamten eines Ministeriums mußten feststellen, daß zu ihrer Position festgelegte Lohnstufen und begrenzte Beförderungschancen gehörten. Als sie nach ihren Wünschen und Verbesserungsvorschlägen gefragt wurden, stellten sie eine lange Liste zusammen. Einige Vorschläge waren: vorübergehende Versetzungen; das Recht, sich kurzfristig beurlauben zu lassen; das Gefühl, „das eigene Geschäft zu leiten"; Lernmöglichkeiten u.v.a.m.

47 Siebtes Merkmal: Qualifizierende Strukturen

Qualifizierende Strukturen bieten Möglichkeiten für persönliche und für Unternehmensentwicklungen. Anpassungsfähigkeit und Flexibilität werden dabei betont. Wir benutzen die Idee eines „Gerüstes", wenn wir von vorübergehenden Strukturen sprechen, die genügend Freiraum haben, um Neues entstehen zu lassen. Eine einfache Analogie ist zum Beispiel ein Gebäude mit beweglichen Trennwänden, die es erlauben, andere Zimmeranordnungen zu wählen.

Innerhalb der Organisation sind die Rollen eher locker definiert und stehen zum einen mit den gegenwärtigen Kundenwünschen in Einklang, zum anderen mit den persönlichen Bedürfnissen der Mitarbeiter, zu lernen und sich zu entwickeln. Bei Projektgruppen zum Beispiel könnten sich die Grenzen zwischen den verschiedenen Abteilungen überlappen und kreuzen. Ziel ist eine Organisationsarchitektur, die genügend Spielraum läßt, gegenwärtigen Bedürfnissen gerecht zu werden und auf zukünftige Ereignisse reagieren zu können.

John zitiert seinen ehemaligen Lehrer für Organisationsgestaltung, Tom Lupton: „Eine Organisation zu gestalten ist etwa wie der Umgang mit einem dreiseitigen Rubik-Würfel. Sie müssen die technische Seite und die finanzielle Seite hinbekommen und dabei auf jeder Stufe mehr Wert hinzufügen. Und dann müssen Sie noch die menschliche Seite richtig hinbekommen." Sein Lieblingsbeispiel war das der „Walls"-Fabrik bei Manchester. „Schweine gehen an einem Ende hinein und Würstchen und Pasteten kommen am anderen Ende heraus, und es wird kaum etwas verschwendet." Es war ein technisch durchdachtes Unternehmen. Die Kostenkontrolle hatte sich zu einer regelrechten „Kunst" entwickelt, den örtlichen

Arbeitsmarkt hatte man genau gekannt und zum eigenen Vorteil genutzt. Es war eine straffe, gewinnbringende Organisation, bis der Markt für Würstchen und Schweinefleischpasteten wegen Verhaltensänderungen und Sorgen um die Gesundheit zusammenbrach und die Firma Walls feststellen mußte, daß sie nicht in der Lage war, ihre Funktionsweise anzupassen oder zu ändern. Hier war eine vierte Seite des Rubik-Würfels erforderlich – nämlich die Fähigkeit, Strukturen und Verfahren flexibel und kostengünstig zu verändern.

Ein weiteres Beispiel ist die Wisewood School, die ihren Lehrkräften nur sehr wenig Platz zur Verfügung stellen konnte. Es gab nicht einmal ein privates Zimmer für Besprechungen. Der Schulleiter und fünf Oberstudienräte hatten jeweils ein Arbeitszimmer für sich. Um zu beweisen, daß sie als Team zusammenarbeiten konnten, zogen alle in das größte Zimmer zusammen – somit entstanden fünf neue Räumlichkeiten für neue, andere Aktivitäten. Diese Aktion verbesserte nicht nur die Teamarbeit bei den Lehrkräften, sondern hatte auch positive Auswirkungen in der ganzen Schule.

48 Achtes Merkmal: Umfeldkontakte zur „Strategischen Frühaufklärung"

Dies bezieht sich auf die Frage: Wie lernen Unternehmen von ihrer Umgebung? Anstatt Marktforschungsinstitute und andere Berater einzuschalten, sind bei einem lernenden Unternehmen alle Mitarbeiter – vor allem diejenigen, die durch Kunden- und Lieferantenkontakte in direkter Verbindung mit der Außenwelt stehen – an einer Marktbeobachtung beteiligt. Sie können wichtige Informationen herausfinden.

Dafür gibt es zwei Schlüsselvorgänge:

▶ *Sammeln:*
Mitarbeiter mit Kunden- und Lieferantenkontakten (wie z.B. Ausfahrer, Monteure, Verkäufer) liefern Waren und Dienstleistungen, erhalten Bestellungen und Vorräte. Wenn sich das Unternehmen dieser Möglichkeiten bewußt ist, die Fähigkeiten seiner Mitarbeiter kennt und deren Meinungen schätzt, so kann es diese dazu anhalten, entsprechende Informationen zu suchen und zu sammeln.

▶ *Benutzen:*
Nachdem die Informationen gesammelt wurden, müssen sie im Unternehmen willkommen sein, analysiert werden und an die Mitarbeiter, die sie benötigen, weitergegeben werden.

Es gibt eine Reihe schlechter Beispiele von Unternehmen, die diese Möglichkeit nicht nutzen und bei denen Mitarbeiter unterschätzt werden. Eine Großbäckerei zum Beispiel hatte Fahrer, die ganz einfach als Auslieferer behandelt wurden. Für einen Außenstehenden war klar, daß diese Angestellten sämtliche Äußerungen der

Kunden über das Produkt – was daran in Ordnung war und was nicht – sowie Bitten um andere Produkte oder Verbesserungsvorschläge mitbekamen. Aber kein Mensch in der Bäckerei hat sie jemals diesbezüglich angesprochen. Der Witz bei der Sache ist, daß die Firmenzentrale sehr viel Geld für Marktforschung ausgibt, um all jene Informationen herauszufinden, die die Fahrer einfach weitergeben könnten – und das kostenlos.

In einem ähnlichen Beispiel ist einem Milchmann aufgefallen, daß eine Familie keine Milch mehr bestellte. Eines Vormittags klopfte er an, um nach den Gründen zu fragen. Er fand heraus, daß die Familie aus Gesundheitsgründen zu Sojamilch übergewechselt war. Der Milchmann fragte daraufhin seinen Chef, ob es möglich wäre, Sojamilch zu bestellen, damit er diese Familie weiterhin beliefern könnte. Die Antwort lautete: „Nein. Bei den Mengen lohnt sich das gar nicht." Der unternehmerisch denkende Milchmann ließ sich nicht mit dieser Antwort zufriedenstellen und traf seine eigenen Vorkehrungen, obwohl dies laut den Arbeitsvertragsregelungen verboten war.

49 Neuntes Merkmal: Firmenübergreifendes Lernen

Dieses Merkmal bezieht sich auf die Art und Weise, wie Firmen mit- und voneinander lernen können. Das lernende Unternehmen ist stets auf der Suche nach Möglichkeiten, mit und von anderen – vor allem Geschäftspartnern – zu lernen. Joint-Ventures, gemeinsames Training, geteilte Investitionen für Forschung und Entwicklung und Austausch von Mitarbeitern sind einige der Möglichkeiten, die Unternehmen haben, um auf ein bestimmtes Lernziel hinzuarbeiten.

Eine weitere Möglichkeit, Informationen zu sammeln, besteht darin, von Unternehmen aus anderen Industriezweigen zu lernen. Rank Xerox zum Beispiel wollte mehr über die Handhabung von Schwermaschinen wissen. Xerox nahm sich vor, dies von der Firma Caterpillar zu lernen, die in dieser Hinsicht als vorbildliches Unternehmen gilt. Die Firma Rank Xerox selbst ermutigt andere, wiederum von ihr zu lernen, mit dem Slogan: „Kommen Sie zu uns, und bestehlen Sie uns schamlos."

Von der Konkurrenz zu lernen, ist eine weitere Möglichkeit. Als die Apothekenkette „Boots the Chemist" in South Yorkshire verschriebene Medikamente kostenlos ins Haus lieferte, handelte die örtliche Apothekenkette blitzschnell und bot sofort den gleichen Service an.

Zu den besten Lernmöglichkeiten gehören auch Joint-Ventures und gemeinsame Experimente. Die Nissan-Autofertigungsanlage in Washington zum Beispiel besitzt eine Windschutzscheibenanlage der Firma Pilkington. Pilkington wurde bei einem Prozeß in die Entwicklungs- und Entscheidungsverfahren in die Firma Nissan integriert, einschließlich ihres Qualitätssystems. Die Nissan-Kultur hatte wiederum Auswirkungen auf die Arbeitspolitik und Karrierestruktur bei Pilkington, zum Beispiel bei der Harmonisierung von Lohn und Arbeitsbedingungen. Nach Aussagen der Firma Pilkington hat das Unternehmen sehr viel aus diesem Vorgang gelernt. Dieses Wissen wird auch in anderen Produktionsanlagen eingesetzt.

Ein weiteres Beispiel sind die Lieferanten der Ladenkette Marks & Spencers. Hier greifen die M&S-Methoden der Qualitätskontrolle tief in die Organisationen der Lieferanten ein mit dem Ergebnis, daß diese sehr leistungsfähig werden und Waren mit höherer Qualität produzieren. Der Nachteil dabei ist allerdings, daß der Lieferant die Qualitätskontrolle wegen der dominanten Größe seines Geschäftspartners M&S aus den Händen geben muß.

50 Zehntes Merkmal: Lernklima

Eine lernende Firma hat eine besondere Kultur und ein besonderes Unternehmensklima, das Lernen fördert. Zwei Anzeichen für ein solches Klima sind:

▶ Die Manager sehen ihre wichtigste Aufgabe darin, ihren Mitarbeiterinnen und Mitarbeitern das Lernen zu erleichtern. Es ist normal,
  - sich Zeit zu nehmen, um etwas zu überlegen,
  - Fragen zu stellen,
  - Rückmeldungen auf Ideen, Meinungen und Handlungen zu suchen.

  Mitglieder der Geschäftsleitung sind zwar tonangebend, müssen aber ebenso wie alle anderen ihre Lerngewohnheiten zeigen, ebenso um Feedback bitten und die eigenen Annahmen und Handlungen in Frage stellen.

▶ Was geschieht, wenn einmal ein Fehler gemacht wird?

  Ein nicht-lernendes Unternehmen versucht, alles zu vertuschen, Schuld nicht einzugestehen, den Schwarzen Peter anderen zuzuschieben.

In einem lernenden Unternehmen wird zwar nicht zu Fehlern ermutigt, aber man betrachtet hier einen Fehler als Experiment, bei dem die gewünschten Ergebnisse noch nicht erreicht wurden, und fragt: Warum nicht? Und: Wie kann es beim nächsten Mal besser gemacht werden? Die Art und Weise, wie man mit Fehlern umgeht, ist ein eindeutiger Hinweis auf das Gesamtlernklima eines Unternehmens.

In einem gesunden Lernklima ist zu spüren, daß die Menschen immer dabei sind, etwas Neues zu lernen. Die Atmosphäre ist geprägt von ständig besserem konstruktivem Infragestellen. In der Woodmill School zum Beispiel galt die neue Direktorin durch ihr Verhalten als Vorbild. Sie war immer dabei, selbst zu lernen. Sobald sie beim Lesen von Fachliteratur eine neue Idee entdeckte, verbreitete sie und probierte sie in der Schule aus. Sie sorgte so dafür, daß aus dem Lernen etwas Normales, etwas Alltägliches wurde. Dies war neu und ungewöhnlich, und einige Lehrkräfte hatten Schwierigkeiten, sich mit diesen neuen Einstellungen an ihrer Schule zurechtzufinden.

51 Elftes Merkmal: Selbstentwicklungs- möglichkeiten für alle

Mittel und Möglichkeiten zum Lernen werden jeder Mitarbeiterin und jedem Mitarbeiter des Unternehmens zur Verfügung gestellt. In einem lernenden Unternehmen werden die Beschäftigten dazu ermutigt, ihre eigene Karriere und das eigene Lernen selbst zu organisieren und zu kontrollieren. Sie sollen nicht das Gefühl haben, wie bei einem heimlichen Schachspiel hin- und hergeschoben zu werden, und – mit viel Glück – gelegentlich ein Seminar besuchen zu dürfen.

Lerngelegenheiten bieten sich vor allem bei tagtäglichen Aufgaben im Unternehmen. Voraussetzungen für das Gelingen sind eine systematische Vorgehensweise, ausreichend Zeit und Unterstützung bei der Umsetzung. Andere Methoden mit guten Lernmöglichkeiten sind

- Arbeitsplatztausch,
- andere Kollegen begleiten und beobachten, um deren Aufgabenbereiche kennenzulernen,
- Experten- oder Fachthemengruppen,
- Projektteams,
- Sonderaufgaben,
- aktive Lerngruppen und
- Qualitätszirkel.

Zusätzlich gibt es Kurse, Seminare, Workshops, Selbstlernhilfen und alle möglichen Arbeitsmittel, die Lernen in den Mittelpunkt des Unternehmens stellen. Zur Zeit werden viele faszinierende Experimente auf diesem Gebiet durchgeführt. Zahlreiche Unternehmen erkennen die Chancen und Notwendigkeiten, Selbstentwicklungsmethoden für alle Mitarbeiter zu nutzen. Manche erkennen auch, daß ihre gegenwärtige Firmenpolitik, Mittel und Möglichkeiten auf die oberen Führungskräfte zu verteilen und nicht auf die Mitarbeiter, die den direkten Kontakt mit der „Außenwelt", den Kunden und Lieferanten, haben, nicht im Interesse des Unternehmens ist und sehen auch, daß gleiche Entwicklungsmöglichkeiten für alle Firmenmitglieder – unabhängig von ihrem Rang – notwendig sind, um den zukünftigen Anforderungen gewachsen zu sein.

Die Vorstellung, Geschäfte mit Menschen abzuwickeln, deren Fähigkeiten nicht voll entwickelt und deren Kenntnisse nicht auf dem neuesten Stand sind, war für das Unternehmen Motorola eine solche Herausforderung, daß sie eine eigene Hausuniversität gründete. „Motorola U" bietet viele verschiedene Lernprogramme an, angefangen von den Grundrechenarten bis hin zum Betriebswirtschaftsstudium.

In einem anderen Unternehmen, dem britischen Autohersteller Rover, ist die Ausbildungsabteilung umgestaltet worden zum „Rover Learning Business". Diese Abteilung betrachtet und behandelt nun alle Mitarbeiterinnen und Mitarbeiter des Unternehmens als interne Kunden. Rover-Beschäftigte haben Anspruch auf einen persönlichen Entwicklungsplan und einen persönlichen Entwicklungsetat. Rover Learning Business hat das Ziel, immer mehr Menschen im Unternehmen dafür zu begeistern und sich für einen solchen persönlichen Entwicklungsplan und -etat zu bewerben.

52 Die fünf Disziplinen einer lernenden Organisation

„Auf der einen Seite gibt es eine Art Wissenschaftsorientierung in Lernprozessen, in der die Annahme steckt, Lernen und Lehren würden um so hochkarätiger, je nachhaltiger die Erlebnisbasis jeder menschlichen Weltberührung ausgerottet oder verdrängt worden ist. Auf der anderen Seite gibt es umgekehrt eine Art von Erlebnistrunkenheit in Lernprozessen, die von dem Verdacht auszugehen scheint, jedes genaue Hinschauen, jedes Unterscheiden, jedes vernünftige Argumentieren würde das Erlebnishafte unserer Weltbeziehungen automatisch zerstören." So zeichnete Horst Rumpf die Bandbreite der unterschiedlichen Betrachtungsansätze von Lehren und Lernen auf dem Internationalen Kongreß „erleben und lernen 97" in Augsburg.

Wo stehen wir im Praxisfeld Managementtraining?

Die alte, mechanistische Auffassung von „Lernen" als einen Vorgang, der sich in die Lernstoffaspekte

▶ Aufbereitung,

▶ Transport,

▶ Verankerung und

▶ Wiederfinden des „Gelernten"

gliedert, geistert nicht selten noch durch die Köpfe von Trainern und Personalentwicklern. Vor diesem Hintergrund kann und wird organisationales Lernen nicht funktionieren. Lernen in einer lernenden Organisation hat andere Aufgaben und Ziele und letztlich auch einen anderen geistigen Hintergrund und ist mit traditionellem „Stofflernen" nicht mehr vergleichbar.

Die wohl eindringlichste und umfassendste Darstellung dieser Wege neuen Lernens finden wir in Peter Senges „Fünf Disziplinen". Senge, Wissenschaftler am Organizational Learning Center des MIT, hat versucht, das Bedürfnis nach organisatorischer und individueller Veränderung miteinander zu verbinden. Bei den von ihm postulierten Fünf Disziplinen handelt es sich um Selbstkompetenz, Teamlernen, Mentale Modelle, gemeinsame Vision und Systemdenken.

„Somit ist nicht der Mensch der eigentliche Motor, sondern die Beziehungen zwischen den Menschen in einer Organisation. Ist diese schlecht, getrübt oder vermobbt, endet jeder gutgemeinte Impuls am Widerstand des Nächsten. Wenn wir vom Lernen in der Lernenden Organisation sprechen, meinen wir stets das kreative Bearbeiten von Demotivationen, indem wir sie wahrnehmen, auf ihren Faktengehalt untersuchen und die ihnen innewohnenden Energien umwandeln in Treibstoff für den Organisationszielerreichungsmotor."

Klaus Marwitz

Selbstkompetenz oder Personal Mastery ist kontinuierliche Klärung und Vertiefung unserer persönlichen Ziele und unserer Fähigkeiten, das zu erreichen, was wir uns am meisten wünschen. Dabei erhöhen wir gleichzeitig unser Bewußtsein für die gegenwärtige Realität unserer Situation; wir lernen zu erkennen, wie unsere Aktivitäten in der Welt um uns herum Wirkung entfalten.

Teamlernen hilft uns, den Fokus beim Lernen von einer Angelegenheit des einzelnen zu einem „ergänzenden Aufeinanderzugehen" zu erweitern. Die Komplexität und Geschwindigkeit der Gegenwart verlangen danach, daß wir unsere Fähigkeit verbessern, bei der Arbeit zu lernen und Synergie von und mit anderen zu erzeugen.

Die Disziplin des Teamlernens ermöglicht die Entwicklung von kollektiver Intelligenz über das Vermögen des einzelnen hinaus. In der Praxis geht es in dieser Disziplin um das Bündeln und Entwickeln der Fähigkeit eines Teams, das zu erreichen, was seine Mitglieder wirklich wünschen. Letzlich ist dies das Anliegen des Transfer-Trainings. Die Fertigkeit, mit Mitarbeitern effektiv umzugehen und die tägliche Arbeit miteinander zu verbessern, stellt sicher, daß die Leistungsfähigkeit der Gruppe auf zuverlässige Weise die Summe der Talente der einzelnen Beteiligten deutlich übersteigt.

Dies verschafft einen deutlichen Wettbewerbsvorteil, wie Rosabeth Moss Kanter in einer in der Harvard Business Review veröffentlichten Studie feststellte. Ein guter Partner zu sein, ist ein Schlüssel-Aktivposten jedes Unternehmens; ein Aktivposten, den es weiterzuentwickeln gilt.

Mentale Modelle sind die Glaubenssysteme, die tief verankerten Annahmen, die wir darüber haben, wie und was die Welt ist und welche Rolle wir dabei spielen. Wir erkennen, wie diese Annahmen unser Denken und unsere Handlungen und Entscheidungen formen. Am Beispiel von „Gummibändern" demonstriert Senge die neue Art von Kommunikation, die wir lernen, um Neugier und Verharren auszublancieren.

So wie Fahrzeuge von Benzin, Diesel oder einem anderen Treibstoff angetrieben werden, so wird unser Geist von Ideen angetrieben. Wenn wir aus unseren mentalen Konstruktionen treten und dabei unser eigenes Denken beobachten, vergrößern wir unseren Wirkungskreis. Anstatt Möglichkeiten in eine einzig richtige Antwort zu sperren, sprengen wir die Begrenzung und erweitern unser Denken durch das Erzeugen einer Vielzahl von Möglichkeiten.

Die *gemeinsame Vision* schafft Sinn für Engagement. Nur „wer ein Warum hat, kann jedes Wie ertragen", soll Nietzsche gesagt haben, und der österreichische Psychoanalytiker Victor Frankl postulierte die noogenen Neurosen, also das Leiden am sinnlosen Dasein, als die Herausforderung der modernen Welt schlechthin. Zur gemeinsamen Vision benötigen wir mehr als hochglanzgedruckte Broschüren mit Firmenleitlinien.

Unser Geist schafft Bedeutung durch Symbole, Metaphern und Analogien. Diese helfen uns, unsere innere Optik auf ein gemeinsames Ganzes auszurichten. Dazu müssen wir tagtäglich – wie beim Transfer-Training – unsere eigenen Erfahrungen in Beziehung setzen mit den inneren Bildern unserer Mitstreiter und Verbündeten: Eine tagtägliche Herausforderung, die gelebte Realität nicht als Double-bind-Falle zur verordneten Vision zu registrieren und mit der praktizierten Durchführung Kopf, Hand und Herz der Mitarbeiter zu erreichen.

Systemdenken ist die Disziplin, die alle anderen Diziplinen integriert. Denken in Systemen ist eine Art zu denken, die dazu führt, die den komplexen Herausforderungen zugrundeliegenden Strukturen zu entdecken und uns in die Lage zu versetzen, die Wechselbeziehungen und die für dauerhafte Verbesserungen erforderlichen Handlungs- und Veränderungsmuster zu erkennen. Diese Art zu denken vermittelt uns eine Sprache, mit der wir die Kräfte lokalisieren und verstehen können, die das Verhalten von Systemen bestimmen. Letztlich können wir entdecken, falls unsere Konstruktionen dies zulassen, daß wir sehr wohl in großer Harmonie mit den umfassenderen Prozessen der uns umgebenden Welt handeln können, in die wir eingebettet sind und von der wir abhängiger sind, als wir glauben.

Peter Senge hat der Theorie seiner fünf Disziplinen ein wertvolles pragmatisches Anwendungshandbuch, „Das Fieldbook zur fünften Disziplin", folgen lassen.

53 Delphine gehen den Weg des Meisters

Je prekärer die Lage der Menschheit wird, je bedrohlicher und zugleich komplizierter die Krisen werden, mit denen wir uns herumschlagen müssen, desto größer wird der Bedarf an ungewöhnlichen, umfassenden und dauerhaften Problemlösungen. Hatten frühere Generationen auf den göttlich inspirierten Propheten oder den mit Zungen sprechenden Visionär als mögliche Wegweiser gesetzt, so sind um 1960 wohl erstmals nichtmenschliche Kreaturen als Symbol ersehnter übermenschlicher Intelligenz ins Gespräch gekommen: die Delphine.

Erste Anstöße dazu gaben die Veröffentlichungen von John C. Lilly, dem Erfinder des Samadhi-Isolationstanks, der aufgrund seiner Arbeit mit Delphinen behauptete, er sei ihrer Sprache auf der Spur und bald wisse die Menscheit, daß Delphine eine dem Menschen nicht nur vergleichbare, sondern ihm sogar überlegene Intelligenz besäßen.

Der Zukunftsforscher Robert Jungk erzählte dazu gern die Science-fiction-Geschichte „Die Stimme der Delphine" von dem Physiker und Biologen Leo Szilard. In dieser höchst listigen Parabel geht es darum, daß 1963 in Wien ein internationales Institut gegründet worden sei, dessen Forschern es gelang, die Sprache der Delphine zu erlernen und sich ihre ungewöhnlichen Eigenschaften zunutze zu machen. Aufgrund dieser außergewöhnlichen Zusammenarbeit seien nicht nur hervorragende wissenschaftliche Erkenntnisse gewonnen worden, die mit Nobelpreisen ausgezeichnet wurden, sondern schließlich auch die viel schwierigere Aufgabe einer umfassenden Abrüstung in einer vom Mißtrauen der Supermächte beherrschten Welt gelöst worden.

Tatsächlich stellte sich dann 1985 durch die Enthüllungen eines der beteiligten Wissenschafter heraus, daß die angeblich von Delphingehirnen ausgeheckten Ideen wahrscheinlich aus den Köpfen der durch enge Zusammenarbeit zu außergewöhnlich hohen Leistungen gelangten Gelehrten kamen. Sie hatten den Delphinmythos geschickt genutzt, um ihren Erkenntnissen und Vorschlägen eine höhere Autorität zu verleihen, denn in den Augen der Betrachter sind die Wege des Delphins die „Wege des Meisters", wie es der Philosoph George Leonard umschreibt.

54 Die Kurve der Meisterschaft

„Selbst aus dem größten (Führungs-)Genie kann nichts werden, wenn es sich nicht dafür entscheidet, den Weg des Meisters zu gehen", sagt George Leonard, ein Aikido-Meister und Philosoph. „Dieser Weg ist zwar mühsam, aber lohnend. Er wird Ihnen unvorhergesehenes Leid bescheren, aber auch unerwarteten Lohn. Und: Sie werden nie an einem endgültigen Ziel ankommen."

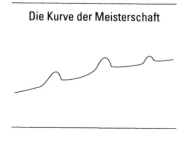

Die Kurve der Meisterschaft

Für Leonard stellt sich der charakteristische Rhythmus auf dem Weg des Meisters so dar:

> „Egal welche Qualität wir auf dem Weg des Meisters anstreben, die Charakteristik des Lernens vollzieht sich dabei in kurzen Zeitintervallen des Fortschritts, dem Abfallen auf ein Plateau, welches entwickelter ist als das vorherige. Stellt der Verlauf des tatsächlichen Lernprozesses auch keine solchen gleichmäßigen Intervalle und Plateaus zur Verfügung wie in der dargestellten idealisierten Form, so ist das tiefer zugrundeliegende Muster doch meist das gleiche. Die Kompetenz auf dem Weg zur persönlichen Qualität muß immer wieder geübt werden, und wir müssen uns bewußt sein, daß wir die meiste Zeit auf einem Lernplateau zubringen und sogar gelegentlich das Gefühl haben, auf der Stelle zu treten."

Auch wenn es den Eindruck erweckt, daß die eigentliche Weiterentwicklung in den Sprungphasen stattfindet, so ist die unabdingbare Voraussetzung das kontinuierliche Weitermachen in der Plateauphase, selbst wenn dort nichts Abenteuerliches und Aufregendes passiert.

„Der wahre Meister lernt, das Plateau zu lieben", sagt Leonard und beschreibt u.a. drei Persönlichkeitstypen, die Schwierigkeiten haben, das Plateau zu lieben:

- den Dilettanten,
- den Fanatiker
- und den Phlegmatiker.

55 Die dilettantische Führungspersönlichkeit

Der Führungsdilettant geht mit großer Begeisterung an jede neue Herausforderung heran, sei es ein neuer Job, eine neue Beziehung, ein neues Spiel, eine neue Sportart oder ein neues Projekt.

Er steigt voller Begeisterung in die neue Herausforderung und ergötzt sich an den Ritualen des Neuanfangs, dem neuen Equipment, den neuen Fachtermini und dem Abenteuer der Ungewißheit. Voller Euphorie berichten Dilettanten im Freundes- und Bekanntenkreis über die ersten Erfolge ihrer neuen Strategie im Geschäft oder beim Erlernen einer neuen Sportart, und man hat den Eindruck, einem kommenden Weltmeister gegenüberzustehen. Nach wochenlanger Überschwemmung mit Fachausdrücken ist bei dieser Spezies meist Funkstille. Das typische Loch, das jeder kennt, der schon einmal die Lernkurve bei Tennis, Squash, einer Fremdsprache oder anderen Fertigkeiten aufmerksam beobachtet hat, trifft den Führungsdilettanten wie ein Schock, und das darauf folgende Plateau wird als Schande empfunden und ist mit Versagungsängsten durchsetzt. Es wird weder akzeptiert noch verstanden, und die anfängliche Begeisterung flacht genauso schnell ab, wie die Mitteilsamkeit. Hört man diese Menschen dann darüber sprechen, so war alles ganz logisch. Es war eben der Markt, der unerwarteterweise nicht mitspielte oder doch nicht ihre Sportart oder die Fremdsprache doch nicht so wichtig, oder es paßte zeitlich nicht mehr, war zu gefährlich oder gerade nicht. Nun stürzt sich der Führungsdilettant sofort mit der gleichen

Euphorie in das nächste Abenteuer, die nächste Herausforderung, in welcher er vielleicht sogar das zweite oder dritte Plateau erreicht, um dann auch da genauso schnell wieder auszusteigen.

In der Phase des Neubeginns klingt der Führungsdilettant durchaus überzeugend, und die Euphorie ist gelegentlich ansteckend. So erscheint im Bereich der fachlichen Kompetenz der scheinbare Karrierist im Glanze der frischgewonnenen Identifikation mit dem neuen Unternehmen oder dem neuen Produkt. Ganze Heerscharen von Strukturvertrieben machen sich dieses Phänomen zunutze. Erstaunlich oft kommt es aber vor, daß derselbe Mensch nach wenigen Wochen oder Monaten das gleiche hohe Lied von den Produkten des Wettbewerbers singt.

In der Partnerschaft verhält es sich ähnlich. Der Führungsdilettant schätzt auch hier die Phase des Neubeginns und hat große Schwierigkeiten, beim ersten Anzeichen eines Plateaus nicht gleich ins nächste Bett zu hüpfen, anstatt sich selbst kritisch unter die Lupe zu nehmen und eventuell Änderungen einzuleiten. Auch wenn Führungsdilettanten sich für knallharte Abenteurer halten und sich als vermeintliche Kenner der Szene hervortun, so sind sie doch eher Spielernaturen, scheuen die Langatmigkeit der Plateauphase und sind eher unzuverlässige Zeitgenossen.

In der personalen Kompetenz ist dem Dilettanten auch keine Modewelle fremd. Heute ist es Joggen, morgen Walking, dann wieder Atkinson, Fit for Life oder Trennkost, dann wieder sind es die freien Radikalen oder die Antioxidantien. Alles natürlich nur bis zum ersten oder dem zweiten Plateau.

Sinn und Zukunft blendet der Führungsdilettant eher aus. Ist doch die Zugehörigkeit zu einer Religionsgemeinschaft und deren Ritualen meist nicht auf kurzfristigen Erfolg ausgerichtet und entzieht sich sogar gelegentlich dem irdischen „return on investment". Einzig die Publikumswirksamkeit der Zugehörigkeit zu einer eher spektakulären Gemeinschaft kann Anreizcharakter ausströmen.

56 Die fanatische Führungspersönlichkeit

Fanatiker sind ehrgeizige und gründliche Menschen, die sich in der Regel nicht mit einem zweiten Platz zufriedengeben. Führungsfanatiker sind die Ärmelzupfer im Weiterbildungsseminar. Sie sind auf Perfektion ausgerichtet und bereit, jeden Preis dafür zu zahlen. Sie sind der Meinung, daß nur das Ergebnis zählt und daß es überhaupt keine Rolle spielt, wie dieses Ergebnis erreicht wird; Hauptsache, es wird schnell erreicht.

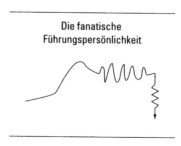
Die fanatische Führungspersönlichkeit

Solche Führungskräfte sind auch dynamische und vorwärtsstrebende Menschen und oft schon an ihrer Körperhaltung und Gangart zu erkennen.

Sie machen im Lernen schnell gute Fortschritte. Bis zum ersten oder zweiten Sprung sind sie hochmotiviert. Fallen sie allerdings wieder zurück und finden sich auf einem Plateau wieder, weigern sie sich, dies zu akzeptieren. Nun strengen sie sich gnadenlos noch mehr an, um doch noch schnelle Ergebnisse zu produzieren. Oft arbeiten sie dann Tag und Nacht und treiben ihre Mitarbeiter gnadenlos zur Höchstleistung.

Im fachlichen Kontext gehört die Klischeevorstellung eines Managers oft dieser Schattierung an. Auf kurzfristige und vorzeigbare Erfolge programmiert, versucht er, die Umsatzkurve kräftig nach oben zu treiben, selbst wenn das bedeutet, daß langfristige Entwicklungen und strategische Planung ebenso wie Investitionen in die Zukunft dafür geopfert werden.

Im Kontakt- und Beziehungskontext leben Führungsfanatiker, wie Leonard schreibt, für den Aufschwung, die anschwellende Hintergrundmusik, die Reise zu den Sternen. Sie sind nicht so wie die Dilettanten. Wenn die erste Leidenschaft abgekühlt ist, sehen sie sich nicht nach etwas Neuem um. Sie versuchen mit allen Mitteln, das Raumschiff auf Kurs zu halten: durch extravagante Geschenke und außergewöhnliche Reisen ebenso wie durch erotische Eskalation oder melodramatische Rendezvous. Sie realisieren nicht, daß Entwicklungsabschnitte auf der Ebene des Plateaus notwendig und wichtig sind. Die Beziehung wird zur Achterbahnfahrt mit hochdramatischen Trennungen und leidenschaftlichen Versöhnungen. Letztlich bringt der unvermeidliche Bruch für die Beteiligten viel Seelenmüll und Beziehungssumpf zum Blühen, liefert dem Fanatiker aber wenig Einsicht in die Konsequenz, aus der Krise zu lernen und an der eigenen Selbstentwicklung zu arbeiten. Innere Kündigung der Mitarbeiter und Freunde ist oft die direkte Konsequenz

Die fanatische Führungskraft schafft es immer wieder, bei all ihren Aktivitäten vorübergehend den Anschein des Erfolges zu erwecken. Meist folgt darauf aber ein steiler Abstieg, die Zickzackkurve, die auf den sicheren Absturz zusteuert.

57 Die phlegmatische Führungspersönlichkeit

Phlegmatiker sind ganz anders. Sie lieben das Plateau – aber nur, um sich auf unbegrenzte Zeit dort häuslich einzurichten. Bequem und komfortabel muß es sein, und am besten läßt es sich dort in einer Gruppe von Gleichgesinnten leben.

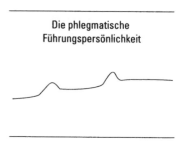
Die phlegmatische Führungspersönlichkeit

Im Leistungsbereich von Arbeit und Beruf, also dem Bereich der fachlichen Kompetenz, finden wir hier – wie Leonard sagt – oft Ärzte und Lehrer, die sich nicht für Fortbildung interessieren, Tennisspieler, die bereits eine starke Vor- oder Rückhand haben und meinen, sie müßten sich nicht wesentlich verbessern und Manager, die persönliche Weiterentwicklung als eine Aufgabe untergeordneter Mitarbeiter definieren.

„Während der Arbeitszeit tun sie gerade genug, um nicht aufzufallen, gehen immer pünktlich oder etwas früher, machen so oft wie möglich Pause, reden statt zu arbeiten und wundern sich dann, warum sie nicht befördert werden."

Ein Arbeitstypus, der, wie Professor Erwin Scheuch in seinen Studien herausgefunden hat, bevorzugt im öffentlichen Dienst und in Behörden in Erscheinung tritt.

In Beziehungen wie auch im Umgang mit sich selbst ist der Phlegmatiker nicht besonders auf Weiterentwicklung und Lernen ausgerichtet. Er gibt sich mit der statischen Monogamie ebenso zufrieden, wie er den Prozeß des Alterns, das Nachlassen der Konzentration, das Zunehmen von Körpergewicht, Unbeweglichkeit und

Rückenschmerzen als Preis für seine Bequemlichkeit akzeptiert. Sein Leben verläuft eben nach definierten Rollen und klaren Vorgaben. Problematisch wird es allerdings, wenn – wie in der heutigen Zeit – viele Veränderungen dramatisch schnell stattfinden, die Werkzeuge der Vergangenheit stumpf sind und die Lebens- und Kontaktpartner, ob im Beruf, im Sport oder in der Ehe, sich selbständig weiterentwickeln und verbessern. Irgendwann sind dann die Beziehungsprobleme vorprogrammiert, wenn der Partner auf einem anderen, weit entfernten Plateau sein Leben einrichtet oder die berufliche Qualifikation gänzlich neue Orientierungen fordert.

Natürlich sind diese recht simpel wirkenden Kategorisierungen im täglichen Leben einer Führungskraft weder so eindeutig wie hier erkennbar, noch sind sie durchgängig beobachtbar. So kann ein Mensch, wie Leonard ausdrücklich betont, in der Liebe ein Dilettant und in der Kunst ein Meister sein. Berufsmäßig ist jemand vielleicht auf dem Weg zur Meisterschaft und auf dem Golfplatz der absolute Phlegmatiker – oder umgekehrt. Die Grundmuster setzen sich jedoch immer wieder durch und reflektieren und bestimmen die Leistung, den Charakter und das Schicksal.

58 Der Krieg gegen den Meister in uns selbst

Wie kommt es, daß wir Menschen vermutlich auf den Weg des Meisters vorbereitet sind, es in unserer Umwelt aber anscheinend von Dilettanten, Phlegmatikern und Fanatikern nur so wimmelt?

Betrachten wir kleine Kinder und deren Euphorie, unternehmungslustig ein Plateau nach dem anderen zu erobern und geduldig die jeweilige Phase zu akzeptieren, so wirft sich doch schnell die Frage auf, wie dies alles im Erwachsenenalter verlorengehen konnte.

Machen wir uns auf den Weg des Meisters, so wird uns als Erwachsenen schnell klar, daß wir mit diesem Vorhaben zumindest augenscheinlich ziemlich alleine stehen. Es scheint sogar so zu sein, daß unsere überdrehte und aus den Fugen geratene Konsum- und Leistungsgesellschaft mit ihrem hedonistischen Anspruch in einem völligen Widerspruch zur Idee der Meisterschaft im Leben steht. Psychologen sind tagaus, tagein damit beschäftigt, uns durch immer raffiniertere Psychotricks in Abhängigkeiten zu führen und zu Handlungen zu verleiten, die uns nachweislich schaden.

In früheren Zeiten und in den von uns „primitiv" genannten Kulturen wurden die Werte für das tägliche Zusammenleben durch die Rituale und gelebten Regeln der Großfamilie, des Stammes- oder Dorfältesten, durch die Disziplin der Körperertüchtigung oder entsprechende Spiele, durch die Zugehörigkeit zu einer praktizierten Religionsgemeinschaft und spirituellen und weltlichen Zeremonien geprägt. Das Schwächerwerden oder gänzliche Verschwinden all dieser Einflußgrößen auf dem Hintergrund oft falsch verstandener Emanzipation zeigt, daß die westliche Welt scheinbar eher das Gegenteil vom selbstbestimmten und innengeleiteten Menschen zum Ziel ihrer Bemühungen gemacht hat.

Unsere Gesellschaft hat das Bruttosozialprodukt zum Maß aller Dinge erhoben und alles, was diesem Götzen dient, wird hofiert und weiterentwickelt. Dabei haben wir ein ökonomisch fixiertes System um uns herum geschaffen, das zumindest in dieser Form ein anhaltend hohes Konsumniveau des einzelnen verlangt.

Schauen wir uns die Fernsehwerbung an – einen der wesentlichen „Kulturmacher" der heutigen Zeit –, dann wird klar, daß der Weg des Meisters nicht mehr zeitgemäß ist. Warten, üben, sich Zeit lassen, Geduld und Kontemplation werden durch ein wahres Trommelfeuer von aneinandergereihten Höhepunkten ersetzt.

„Der Kuchen ist bereits gebacken, die Familie und die Gäste haben sich mit strahlenden Gesichtern versammelt, um einem süßen Dreijährigen dabei zuzusehen, wie er die Kerzen auspustet. Der Wettlauf ist gelaufen und gewonnen, schöne junge Menschen springen voller Ekstase auf und ab (you can't beat the feeling), während sie nach einer eisgekühlten Dose Cola light greifen. Für anderthalb Sekunden werden Männer bei der Arbeit gezeigt, dann ist bereits Zeit für ein kühles Bier. Diese Werbung suggeriert, daß das Leben in seiner höchsten Vollendung aus einer endlosen Aneinanderreihung von Höhepunkten besteht. Die Komödien und Seifenopern, die Krimiserien und Popvideos folgen dabei in gewisser Weise einem ähnlichen Muster:

1. Wenn man eine halbe Stunde lang deftige Witze reißt, wird sich rechtzeitig zum letzten Werbespot alles zur Zufriedenheit gelöst haben.

2. Die Menschen sind ziemlich gemein, arbeiten wenig und werden schnell reich.

3. Kein Problem ist so schwierig, daß es nicht im Handumdrehen mit einem Revolver gelöst werden könnte.

4. Die verrückteste Phantasie, die man sich ausdenken kann, kann sofort und ohne jede Anstrengung verwirklicht werden."

59 Der Weg des endlosen Höhepunktes

Folgt man dieser Beobachtung Leonards, so kann man erkennen, daß hier neben der fatalen Botschaft ein für den Weg des Meisters zerstörerisches Grundmuster als natürlich erscheint.

Ein Höhepunkt jagt ohne Plateau oder Übungszeit den nächsten, ein erfüllter Traum wird vom nächsten abgelöst! Es gibt einfach kein Plateau. Es überrascht nicht, wenn viele Menschen, von diesen Werten geleitet, davon ausgehen, daß auch im täglichen Leben ein Höhepunkt den nächsten jagen müßte. Damit hat die Konsumgesellschaft ihr Ziel erreicht.

Wie ist das aber in der alltäglichen Erfahrung, wenn wir, programmiert auf das Recht des endlosen und mühelosen Höhepunktes, erleben, daß die Krise und das Unglück ebenso oft vorkommen und ohne Unterweisung, Disziplin oder Übung der Höhepunkt ausbleibt? Ganz einfach: Man greift zur nächsten Droge und zur nächsten ... Auch an den Drogen wird verdient. Tragen sie doch kräftig zur Steigerung des Bruttosozialproduktes bei.

Der Weg des endlosen Höhepunktes

Da es dem König aber wenig gefiel, daß sein Sohn, die kontrollierten Straßen verlassend, sich querfeldein herumtrieb, um sich selbst ein Urteil über die Welt zu bilden, schenkte er ihm Wagen und Pferd. „Nun brauchst Du nicht mehr zu Fuß zu gehen", waren seine Worte. „Nun darfst Du es nicht mehr," war deren Sinn. „Nun kannst du es nicht mehr" deren Wirkung."

Günther Anders
in: „Die Antiquiertheit des Menschen"

60 Das Plateau lieben

Es gibt Anzeichen der Hoffnung. Jugendliche wenden sich wieder vermehrt den ideellen Werten zu. Politiker begreifen, daß das Ganze mehr ist – oder anders – als die Summe der Teile. Die wachsende Verschuldung der Nationen führt – zumindest vereinzelt – bereits zum Umdenken in der Wachstumsideologie und dem Zinseszins-Wahnsinn. Einzelne begreifen, daß derjenige, der die Welt verändern will, bei sich selbst beginnen muß, und die Einsicht in die Notwendigkeit, das Plateau zu akzeptieren, wächst und wächst. Leonard sagt dazu:

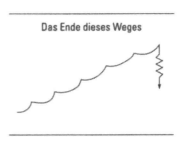

Das Ende dieses Weges

„In unserer Kindheit drängt man uns zu lernen, um gute Noten zu bekommen. Später erzählt man uns, wir sollten gute Noten haben, um später einen Studienplatz zu bekommen. Daraufhin heißt es, wir sollten einen Studienplatz bekommen, um einen guten Job zu kriegen. Wir sollten einen guten Job kriegen, um uns ein Haus und ein Auto kaufen zu können. Wieder und wieder wird uns gesagt, daß wir etwas tun sollen, um etwas anderes zu bekommen. So verbringen wir unser Leben ausgestreckt auf einer Folterbank von Möglichkeiten. Ohne Zweifel sind Möglichkeiten wichtig; auch das Erreichen von Zielen ist wichtig. Aber die Würze des Lebens – ob angenehm oder bitter – liegt nicht so sehr in den Anstrengungen als vielmehr in dem Prozeß des Lebens selbst, in dem Gefühl zu leben. Uns wird auf vielerlei Art und Weise beigebracht, das Ergebnis zu schätzen, die Belohnung, den Höhepunkt. Aber selbst wenn wir das entscheidende Tor bei der Fußballweltmeisterschaft schießen

> würden, bliebe immer noch das Morgen, das Übermorgen und der Tag danach. Wenn Sie ein gutes Leben führen, das Leben eines Meisters, dann werden Sie den Großteil davon auf einem Plateau zubringen. Wenn nicht, werden Sie wahrscheinlich die meiste Zeit ihres Lebens nervöse, quälende und letztlich selbstzerstörerische Anstrengungen unternehmen, um dem Plateau zu entkommen."

Lernen Sie, das Plateau zu ertragen, die Entwicklungssprünge und Höhepunkte zu begrüßen, andere Menschen zu fördern und die lange Phase geduldiger Anstrengung zu akzeptieren.

Persönliche Qualität heißt, das Plateau zu schätzen, zu genießen und sogar zu lieben.

In einem Unternehmen den Weg des Meisters zu ebnen, heißt Voraussetzungen für die Akzeptanz eines Plateaus zu schaffen, ohne den Wettbewerb aus den Augen zu verlieren. Eine sich stets selbsterneuernde, lernende und lebende Organisation unterstützt die Führungskräfte – auch gegen konträre gesellschaftliche Strömungen – auf dem Weg zur Meisterschaft, auf dem Weg zum Delphin.

Epilog

Lassen Sie mich vieles von dem bisher Gesagten in einer letzten kleinen Geschichte zusammenfassen: Vor langer Zeit lebten in dem Ort Swabeedo kleine Leute. Sie wurden die Swabeedoler genannt, waren sehr glücklich und liefen den ganzen Tag mit einem fröhlichen Lächeln umher. Wenn sie sich begrüßten, überreichten sie sich gegenseitig kleine warme, weiche Pelzchen, von denen jeder immer genug hatte, weil er, nachdem er einige verschenkt hatte, sofort wieder welche geschenkt bekam.

Ein warmes Pelzchen zu verschenken, bedeutete für diese Menschen: ich mag Dich. So zeigten sie, daß jeder jeden mochte. Und das machte sie den ganzen Tag froh. Außerhalb des Ortes lebte, ganz einsam in einer Höhle, ein Kobold. Wenn ein Swabeedoler ihm ein Pelzchen schenken wollte, lehnte er ab, denn er fand es albern, sich Pelzchen zu schenken.

Eines Tages traf der Kobold einen Swabedooler im Dorf, der ihn sofort ansprach: „War heute nicht ein schöner, sonniger Tag?" Und der Mann reichte ihm ein besonders weiches Pelzchen. Der Kobold schaute in den Rucksack mit den Pelzchen. Dann legte er dem Swabeedoler den Arm vertraulich um die Schulter und flüsterte ihm zu: „Nimm Dich in acht. Du hast nur 207 Pelzchen. Wenn Du diese weiterhin so großzügig verschenkst, hast Du bald keine mehr." Das war natürlich vollkommen falsch gerechnet, denn ein jeder Swabeedoler hatte, da jeder jedem welche schenkte, immer genug davon.

Doch kaum hatte der Kobold den verdutzten kleinen Mann stehenlassen, kam schon sein Freund vorbei und schenkte ihm wie immer ein Pelzchen. Doch der Beschenkte reagierte nicht wie bisher. Er packte das Pelzchen ein und sagte zu seinem Kollegen: „Lieber

Freund, ich will Dir einen Rat geben. Verschenke Deine Pelzchen nicht so großzügig, sie könnten Dir ausgehen".

Bald gaben sich immer öfter Swabeedoler diesen Rat. So kam es, daß Pelzchen nur noch an allerbeste Freunde verschenkt wurden. Jeder hütete seinen Pelzrucksack wie einen Schatz. Sie wurden zu Hause eingeschlossen, und wer so leichtsinnig war, damit über die Straße zu gehen, mußte damit rechnen, überfallen und beraubt zu werden.

Die kleinen Leute von Swabeedo veränderten sich immer stärker. Sie lächelten nicht mehr und begrüßten sich kaum noch. Keine Freude kam mehr in ihre traurigen und mißtrauischen Herzen.

Erst nach langer Zeit begannen einige Leute erneut, sich wie früher kleine, warme, weiche Pelzchen zu schenken. Sie merkten bald wieder, daß ihnen die Pelzchen nicht ausgingen und daß sich Beschenkte und Schenkende darüber freuten. In ihren Herzen wurde es wieder warm, und sie konnten wieder lächeln, obwohl die Traurigkeit und das Mißtrauen nie mehr ganz daraus verschwanden.

Dekalog der Gelassenheit

Gelassenheit darf wohl als eine der wichtigsten Tugenden auf dem Weg zur Zukunftstauglichkeit betrachtet werden.

Nur wer lernt zu lassen, wird gelassen, sagte bereits der Berliner Nervenarzt J. H. Schulz zu Begründung seiner Methode der Entspannung aus sich selbst heraus.

Zur psychohygienischen Vorbereitung auf den Tag mag auch folgender Dekalog als Selbstsuggesstion hilfreich sein; er wird übrigens Papst Johannes XXIII. zugesprochen:

„Nur für heute will ich mich mühen; den heutigen Tag will ich leben, ohne gleichzeitig an alle Probleme meines Lebens zu denken.

Nur für heute will ich mich um mein Auftreten sorgen; ich will niemanden kritisieren, will niemanden korrigieren oder verbessern, nur mich selbst.

Nur für heute will ich gewiß sein, daß ich für das Glück geschaffen wurde, und zwar nicht erst für die andere Welt, sondern auch für diese.

Nur für heute will ich mich den Umständen anpassen, ohne zu verlangen, daß die Umstände sich meinen Wünschen unterordnen.

Nur für heute will ich mir vornehmen, zehn Minuten lang etwas Gutes zu lesen, wissend, daß gute Lektüre notwendige Nahrung für meine Seele ist.

Nur für heute will ich eine gute Tat vollbringen, und ich werde es keinem Menschen erzählen.
Es ist mein Geheimnis.

Nur für heute will ich etwas tun, wozu ich keine Lust habe, sollte ich mich irgendwie beleidigt fühlen, so werde ich es mir nicht anmerken lassen.

Nur für heute will ich ein Programm aufstellen, und ich will mich vor zwei Übeln hüten: der Hetze und der Unentschlossenheit.

Nur für heute will ich fest daran glauben, auch wenn äußere Umstände Widersprüchliches nahelegen, daß die Güte Gottes sich um mich kümmert, so als gäbe es sonst niemanden mehr auf dieser Erde."

Literatur

Argyris, Chris: *Wissen in Aktion. Eine Fallstudie zur lernenden Organisation*, Stuttgart 1997

Block, Peter: *Erfolgreiches Consulting: Das Berater-Handbuch*, Frankfurt/Main 1997

Blumenthal, Erik: *Neue Wege zur inneren Freiheit: Praxis und Theorie der Selbsttherapie*, 13. Auflage, Stuttgart 1995

Bryner, Andy/Markova, Dawna: *Die lernende Intelligenz: Denken mit dem Körper*, Paderborn 1997

Burisch, Matthias: *Das Burnout-Syndrom: Theorie der inneren Erschöpfung*, Berlin, Heidelberg 1989

Capra, Fritjof: *Lebensnetz: Ein neues Verständis der lebendigen Welt*, Bern/München/Wien 1996

Carter-Scott, Chérie: Negaholiker: *Der Hang zum Negativen: Wege aus der Selbstblockade*, 3. Auflage, Frankfurt/Main 1992

Cooper, Robert K./Sawaf, Ayman: *EQ: Emotionale Intelligenz für Manager*, München 1997

Covey, Stephen R.: *Die sieben Wege zur Effektivität: ein Konzept zur Meisterung Ihres beruflichen und privaten Lebens*, Frankfurt/Main 1992

Csikszentmihalyi, Mihalyi: *Kreativität: Wie Sie das Unmögliche schaffen und Ihre Grenzen überwinden*, Stuttgart 1997

Czichos, Reiner: *Change-Management: Konzepte, Prozesse, Werkzeuge für Manager, Verkäufer, Berater und Trainer*. Unter Mitarbeit von Judith Bertschi, München 1990

D'Aveni, Richard A.: *Hyperwettbewerb: Strategien für die neue Dynamik der Märkte*. Mit Robert Gunther, Frankfurt/Main/New York 1995

Diekstra, René F. W.: *Schritte zum Selbst: die eigene Persönlichkeit verstehen*, Stuttgart 1994

Dörner, Dietrich: *Die Logik des Mißlingens*, Hamburg 1989

Dreikurs, Rudolf: *Grundbegriffe der Individualpsychologie*, 6. Auflage, Stuttgart 1990

Dreikurs, Rudolf: *Selbstbewußt: Die Psychologie eines Lebensgefühls: Soziale Gleichwertigkeit und innere Freiheit*, 2. Auflage, Rosenheim/Stuttgart/Genf 1987

Ernst, Heiko: *Psychotrends: Das Ich im 21. Jahrhundert*, München 1996

Fuchs, Helmut, et al.: *TAM Entwicklungsstudie*, Fulda 1991

Gardner, Howard: *Dem Denken auf der Spur: Der Weg der Kognitionswissenschaft*, Stuttgart 1992

Gardner, Howard: *Die Zukunft der Vorbilder: Das Profil der innovativen Führungskraft*, in Zusammenarbeit mit Emma Laskin, Stuttgart 1997

Geißler, Karlheinz A.: *Zeit: „Verweile doch, du bist so schön!"*, Weinheim/Berlin 1996

Gergen, Kenneth J.: *Das übersättigte Selbst: Identitätsprobleme im heutigen Leben*, Heidelberg 1996

Goleman, Daniel/Kaufmann, Paul/Ray, Michael: *Kreativität entdecken*, München/Wien 1997

Gomez, Peter/Probst, Gilbert J.B.: *Die Praxis des ganzheitlichen Problemlösens: vernetzt denken, unternehmerisch handeln, persönlich überzeugen*, Bern/Stuttgart/Wien 1995

Guntern, Gottlieb (Hrsg.): *Intuition und Kreativität: Intuition and Creativity*, Zürich/Berlin/New York 1996

Guntern, Gottlieb (Hrsg.): *Irritation und Kreativität: Hemmende und fördende Faktoren im kreativen Prozeß*, Zürich 1993

Handy, Charles: *Die Fortschrittsfalle: Der Zukunft einen neuen Sinn geben*, Wiesbaden 1995

Hedberg, B.: „How organizations learn and unlearn", in: *Handbook of Organizational Design*, Hrsg. v. Nystrom-P.C.; Starbuck, W.H., Vol. 1 Oxford. In der Übers. v. Kieser, A.: „Werte und Mythen in der strategischen Planung", in: wisu Das Wirtschaftsstudium 14 (1985), S. 429

Huber, Andreas: *Stichwort: Emotionale Intelligenz*, München 1996

Inamori, Kazuo: *Erfolg aus Leidenschaft: Das Credo von Japans führendem Unternehmer*, Wien 1996

James, Tad: *Time Coaching: Programmieren Sie Ihre Zukunft...jetzt!* Hrsg. von Klaus Marwitz. 2. Auflage, Paderborn 1993

James, Tad/Woodsmall, Wyatt: *Time Line: NLP-Konzepte zur Grundstruktur der Persönlichkeit*, 2. Auflage, Paderborn 1992

Jänicke, Martin: *Wie das Industriesystem von seinen Mißständen profitiert: Kosten und Nutzen technokratischer Symptombekämpfung: Umweltschutz, Gesundheitswesen, innere Sicherheit*, Opladen 1997

Kline, Peter/Saunders, Bernard: *Schritte zur lernenden Organisation: Das Praxisbuch*, Paderborn 1996

Kobjoll, Klaus: *Motivaction: Begeisterung ist übertragbar*, 6. Auflage, Zürich 1996

Kobjoll, Klaus: *Virtuoses Marketing: Ein Seminar. „Motivaction II"*, Zürich 1995

Kohn, Alfi: *Mit vereinten Kräften – Warum Kooperation der Konkurrenz überlegen ist*, Weinheim 1989

Krech, David u.a.: *Grundlagen der Psychologie 6: Persönlichkeitspsychologie und Psychotherapie*, bearb. und hrsg. von Hellmuth Benesch, Weinheim/Basel 1985

Leonard, George: *Der längere Atem: Meisterung des Alltäglichen*, Wessobrunn 1994

Lukas, Andreas: *Abschied von der Reparaturkultur: Selbsterneuerung durch ein neues Miteinander*, Frankfurt/Wiesbaden 1995

Mann, Rudolf: *Der ganzheitliche Mensch: Lebenssinn und Erfüllung im Beruf*. Düsseldorf/Wien/New York 1991

Matheis, Richard (Hrsg.): *Leadership Revolution: Aufbruch zur Weltspitze mit neuem Denken*, Frankfurt/Wiesbaden 1994

McGill, Michael E./Slocum, Jr., John W.: *Das intelligente Unternehmen: Wettbewerbsvorteile durch schnelle Anpassung an Marktbedürfnisse*, Stuttgart 1996

Müller-Felsenburg, Alfred (Hrsg.): *Mit Sokrates durch das Jahr*, Augsburg 1990

Nefiodow, Leo A.: *Der sechste Kondratieff: Wege zur Produktivität und Vollbeschäftigung im Zeitalter der Information*, Sankt Augustin 1996

Nörretranders, Tor: *Spüre die Welt: Die Wissenschaft des Bewußtseins*, Reinbek bei Hamburg 1994

Paffrath, Hartmut F. (Hrsg.): *Zu neuen Ufern: Internationaler Kongreß Erleben und Lernen*, Alling 1998

Peat, David F.: *Synchronizität – Die verborgene Ordnung*, 1989

Pedler, Mike u.a.: *Das lernende Unternehmen*, Frankfurt/Main 1994

Pedler, Mike u.a.: *Fragebogen „Das lernende Unternehmen" und Begleitmaterialien*, Fulda 1995

Peters, Tom: *Der WOW! Effekt: 200 Ideen für herausragende Erfolge*, Frankfurt/Main 1995

Popper, Karl R.: *Alles Leben ist Problemlösen: Über Erkenntnis, Geschichte und Politik*. 2. Auflage, München/Zürich 1996

Probst, Gilbert J.B./Büchel, Bettina: *Organisationales Lernen: Wettbewerbsvorteil der Zukunft*, Wiesbaden 1994

Probst, Gilbert J.B.: *Selbstorganisation*, Berlin 1987

Probst, Gilbert J.B./Raub, Steffen/Romhardt, Kai: *Wissen managen: Wie Unternehmen ihre wertvollste Ressource optimal nutzen*, Frankfurt/Wiesbaden 1997

Reinhard, Rüdiger/Schweiker, Ulrich: „Sieben Schritte zur lernfähigen Organisation", in: *Trojaner* 4, 2. Jahrgang, 6/1994, S. 32 ff.

Scheich, Günther: *Positives Denken macht krank: Vom Schwindel mit gefährlichen Erfolgsversprechen*. Unter Mitarb. von Klaus Waller. Frankfurt/Main 1997

Schein, Edgar: *Organizational Culture and Leadership*, San Francisco, 1985

Schmidt, Siegfried J. (Hrsg.): *Der Diskurs des radikalen Konstruktivismus*, Frankfurt/Main 1987

Schneider, Ursula (Hrsg.): *Wissensmanagement: Die Aktivierung des intellektuellen Kapitals*, Frankfurt/Main 1996

Schoenaker, Theo: *Mut tut gut. „Ich weiß, ich bin okay": Das Encouraging-Training*, 6. Auflage, Sinntal 1997

Schoenaker, Theo: *Sich als Eltern gut fühlen: Ein Brief*, Sinntal 1997

Schottky, Albrecht/Schoenaker, Theo: *Was bestimmt mein Leben?: Wie man die Grundrichtung des eigenen Ich erkennt*, München 1995

Schwäbisch, Lutz/Siems, Martin: *Selbstentfaltung durch Meditation: Eine praktische Anleitung*, Reinbek bei Hamburg 1976

Segal, Lynn: *Das 18. Kamel oder die Welt als Erfindung*, München 1988

Senge, M. Peter u.a.: *Das Fieldbook zur Fünften Disziplin*, Stuttgart 1996

Sheehy, Gail: *Die neuen Lebensphasen: Wie man aus jedem Alter das Beste machen kann*, Leipzig 1996

Simon, Fritz B.: *Die Kunst, nicht zu lernen: Und andere Paradoxien in Psychotherapie, Management, Politik...*, Heidelberg 1997

Simon, Fritz B.: *Meine Psychose, mein Fahrrad und ich: Zur Selbstorganisation der Verrücktheit*, 6. Aufl. Heidelberg 1997

Simon, Fritz B.: *Unterschiede, die Unterschiede machen: Klinische Epistemologie: Grundlage einer systemischen Psychiatrie und Psychosomatik*, 2. Aufl. Frankfurt/Main 1995

Simon, Fritz B./CONECTA-Autorengruppe: *Radikale Marktwirtschaft: Grundlagen des systemischen Managements*, 3. Auflage, Heidelberg 1998

Skinner, Robin/Cleese, John: *Life oder: Wie man sich bettet...*, Paderborn 1995

Skinner, Robin/Cleese, John: *...Familie dagegen sehr: Wege in die Zukunft*, Paderborn 1988

Staehle, Wolfgang/Sydow, Jörg: *Managementforschung*, Berlin 1991

Stiefel, Rolf, Th.: *Lektionen für die Chefetage: Personalentwicklung und Management Development*, Stuttgart 1996

Ulrich, Hans/Probst, Gilbert J. B.: *Anleitung zum ganzheitlichen Denken und Handeln*, Stuttgart 1988

Urban, Dieter: *Chancen für Querdenker: Mit emotionaler Intelligenz (EQ) zur alternativen Problemlösung*, Zürich 1996

Vester, Frederic: *Neuland des Denkens: Vom technokratischen zum kybernetischen Zeitalter*, München 1983

Von Oech, Roger: *Der kreative Kick: Aktivieren Sie Ihren Forscher, Künstler, Richter und Krieger*, Paderborn 1994

Walter, Rudolf: *Laß dir Zeit: Entdeckungen durch Langsamkeit und Ruhe*, Freiburg im Breisgau 1997

Watzlawick, Paul: *Die erfundene Wirklichkeit*, München 1981

Watzlawick, Paul/Kreuzer, Franz: *Die Unsicherheit unserer Wirklichkeit: Ein Gespräch über den Konstruktivismus*, 6. Auflage, München 1998

Welsch, Wolfgang: *Vernunft: Die zeitgenössische Vernunftkritik und das Konzept der transversalen Vernunft*, Frankfurt/Main 1996

Der Autor

Helmut Fuchs arbeitete viele Jahre als Psychotherapeut mit Menschen in Veränderungssituationen. Zwischen 1986 und 1998 leitete er als Geschäftsführer die TAM-Trainer-Akademie München und trainierte in den Schwerpunkten Trainerausbildung und Führungspsychologie. In dieser Zeit sind zahlreiche Publikationen zum Thema „Time-Management, Modernes Lernen und Psychohygiene" erschienen.

Heute lebt er als Fachbuchautor, Trainer und Berater vorwiegend in Italien und widmet seine Zeit und Energie wenigen Schlüsselkunden und der eigenen Familie.

Kontaktadresse in Deutschland:
TAM-Trainer-Akademie-München
Büro Fulda
Postfach 167
36001 Fulda

Danksagung

Dieses Buch möchte ich meinen Kindern widmen, um deren Zukunft ich mir viele Gedanken mache.

Für Fritz-Ferdinand,
dem Unermüdlichen, der mir durch fleißige Kopierarbeit bis spät in die Nacht geholfen hat.

Für Frederic-Merlin,
dessen „Eins-find'-ich-blöd"-Sätze immer wieder ein Quell der Freude waren.

Für Frida-Feline,
die durch ihren unnachahmlichen Charme und ihre liebevolle Zurückhaltung nachhaltig eine wichtige Flamme am Leben erhält.

Für Frans-Fridolin,
dem Erfinder einer eigenen Sprache mit phantastischen Wortschöpfungen.

Ich wünsche Euch Kraft, Mut und Weisheit. Ihr werdet es dringend brauchen.

Managementwissen:
kompetent, kritisch, kreativ

TOPTITEL

„Das Buch bietet einen packend geschriebenen Blick auf die Generation, die alles verändern wird."
Time Magazine

Don Tapscott
Net Kids
Die digitale Generation erobert Wirtschaft und Gesellschaft
1998. 405 S., br., DM 48,00
ISBN 3-409-19287-5

Der Bestseller aus England. Ideal für alle, die über Management-Trends mitreden wollen. Eine Fundgrube für Zitate!

Carol Kennedy
Management Gurus
40 Vordenker und ihre Ideen
1998. 222 S., geb., DM 68,00
ISBN 3-409-18983-1

US-Bestseller. Wichtig für Manager, Unternehmer und alle, die die entstehende Real-Time-Wirtschaft verstehen und nutzen wollen.

Stan Davis, Christopher Meyer
Das Prinzip Unschärfe
Neue Spielregeln, neue Chancen, neue Märkte in der vernetzten Welt
1998. 220 S., geb., DM 68,00
ISBN 3-409-18984-X

Financial-Times-Standardwerk, mit vielen Praxisbeispielen, u. a. zu Barings und Metallgesellschaft, und einer Checkliste mit konkreten Handlungstips.

Robin Kendall
Risk Management
Unternehmensrisiken erkennen und bewältigen
1998. 243 S., geb., DM 78,00
ISBN 3-409-18982-3

Erhältlich im Buchhandel oder beim Verlag. Änderungen vorbehalten. Stand Juli 1998.
Abraham-Lincoln-Str. 46, Postfach 1547, 65005 Wiesbaden, Fax: 0611/78 78 400, Internet: http://www.gabler-online.de

GABLER

Druck:
Canon Deutschland Business Services GmbH
im Auftrag der KNV-Gruppe
Ferdinand-Jühlke-Str. 7
99095 Erfurt